東京オリンピック1964
サムライたちの挽歌

松下茂典

潮新書
027

潮出版社

「東京オリンピック１９６４　サムライたちの挽歌」目次

第一章　竜虎相搏つ　神永昭夫VS猪熊功　9

第二章　永遠のライバル　君原健二VS円谷幸吉　59

第六章 〝鬼〟の大松博文と六人の〝魔女〟たち

<帯写真>
表上：東京オリンピック準決勝でキクナーゼ（ソ連）に体落としをかける猪熊功（共同通信社）
表下：猪熊功が妻にあてた「遺書」（『潮』編集部）
裏上：大松博文・女子バレーボール監督（共同通信社）
裏下：「根性」の文字が刻まれた大松博文の墓石（『潮』編集部）

※本文中の写真提供は、P9・P59・P111・P135・P149・P187は共同通信社、P163は『潮』編集部。

第一章

竜虎相搏つ 神永昭夫VS猪熊功

東京オリンピック柔道無差別級銀メダリストの神永昭夫（左）と
同重量級金メダリストの猪熊功

I

″自然体″と″破滅型″

生まれながらの好敵手

一九九三年（平成五年）に直腸がんで亡くなった神永昭夫《かみながあきお》（東京オリンピック柔道無差別級・銀メダリスト）の追悼文集『神永昭夫の軌跡』に、猪熊功《いのくまいさお》（同柔道重量級・金メダリスト）は〈「破滅型人間」と命名されて〉というタイトルの一文を寄せている。

猪熊が海軍軍人だった父・芳次郎の形見である刃渡り四〇センチの脇差しを使い、首を貫いて自殺する六年前のことだった。

〈……神永さんを語るについて「ライバル」という響きは私にとって、いかにも重すぎる。この機会に紙面をお借りして神永さんは私にとって「目標」であった、と申し上げておきます。……私は学生時代を含め、神永さんと五回対戦した。結果は私の三敗一勝一分け。……「君は破滅型人間だな」。神永さんは私をこう診断した。まさに名医の診断である。ただひたすらどんどん突き進んで行く将棋の香車と私がダブったのだろう。このような私の人生と、人生すべからく自然体で、の神永さんとは、その生きざまは多少異なっていたかもしれなかったが、「柔道を愛する心」には互いに寸分の狂いもなかった……〉

神永の〝自然体〟と、猪熊の〝破滅型〟。見ず知らずの第三者ではなく、相手を知り尽くした当事者同士がそう表現したところに、ずしんとした重みがあった。

神永と猪熊は何から何まで対照的だった。性格は神永が温厚なら、猪熊は時として過激。柔道も、神永が〝寝てよし立ってよし〟のオールラウンダーなら、猪熊は背負い投げなど、担ぎ技が得意なスペシャリスト。

そんな二人が、心からリスペクトしあっていたことは特筆に値する。お互いの潜在能力を刺激し、最高のパフォーマンスを見せるためには、欠かすことのできない相手だったのである。まさに生まれながらの好敵手といってよかった。

二人は一九五九年（昭和三十四年）から三年連続全日本柔道選手権決勝で激突し、日本一を争った。その死闘は〝竜虎相搏《りゅうこあいう》つ〟戦いとして、柔道のオールドファンに語り継がれている。

神永を育てた「澄水園」とは

元プロレスラーの坂口征二《せいじ》が、かつて全日本柔道選手権で三年連続決勝に進出し、準優勝（一九六四年）、優勝（六五年）、準優勝（六六年）を遂げた日本屈指の柔道家だったことを知る人は少ないにちがいない。

一九六四年の東京オリンピック前には〝仮想ヘーシンク〟（東京オリンピック無差別級金メダリスト）として、神永や猪熊の稽古相手になっている。それくらい坂口の体格はアントン・ヘーシンク（オランダ）に似ていた。

ヘーシンク　身長一九六センチ、体重一二〇キロ
坂口征二　　身長一九四センチ、体重一〇八キロ

坂口が「偉大なる先輩」と呼ぶ六歳上の神永と出会ったのは、一九五九年秋。福岡県久留米市立南筑《なんちく》高校二年のときだったという。

「東京国体に福岡代表として出場し、大会が終わって一カ月くらいしてからでした。明大の道場へ行き、神永さんに稽古をつけてもらったんです。九州から出て来た東も西もわからない田舎者でしたから、まるで夢心地の稽古でした。神永さんは高校時代に講道館《こうどうかん》で一九人抜きを演じ、神童と呼ばれました。大学時代も個人と団体の両方で学生チャンピオンになってましたから、恐る恐る組み合ったんですが、なんて強い人だろうと思いました。近くに寄るのが怖いくらい強烈なオーラを放っていました」

後述するが、神永はその半年前、猪熊と全日本柔道選手権決勝で死闘を演じ、一本背負いで畳に叩きつけられていた。それだけに、雪辱に燃え、母校・明大道場で連日火の出るような稽古をしていたのである。

神永との稽古がきっかけになり、坂口は明大進学を決断する。

ちょうど同じころ、宮城県仙台市出身の神永は母子家庭の厚生施設「澄水園《ちょうすいえん》」に入り、ねぐらと食事の心配がなくなっている。彼が母子家庭だったわけではない。

「澄水園」の母体である社会福祉法人・黎明会《れいめいかい》は、敗戦直後の一九四五年十月、東京都の委託を受け、戦災者、引揚げ者、戦災孤児などの救済を目的とし、上野池之端で産声を上げた。東京都民にねぐらや衣食を提供したばかりか、病める人、傷ついた人に無償で診療も行った。

この黎明会の理事長である鵜目《うのめ》栄八が、一九五一年、京浜東北線・赤羽駅近くにつくったのが、神永が入園した「澄水園」だった。

明大柔道部の選手たちが「澄水園」に身を寄せるようになったのは、学生時代に柔道をやっていた鵜目が、怪我をした明大選手を治療したことがきっかけであった。

入園第一号は、柔道部の曽根康治（第二回世界選手権優勝）。以後、神永や坂口らが次々世話になり、二〇年以上もつづく。

神永は明大柔道部会報「明柔」（一九八一年）に書いている。

〈裏話をすると、母子寮があったことから、別れた亭主が酔ってあばれ込んでくる。また、妻子に会いたくなって夜中にこっそり塀を乗り越えてくる。些細なことで隣どうしがケンカをはじめる。これらをとりおさえたり仲裁したり、刃傷沙汰にあったことさえあった。人生の縮図を垣間見た、ということだろうか〉

母子家庭の寮とはいえ、中には競馬や競輪などの博打《ばくち》に明け暮れる母親や、大酒飲んで暴れる女性もいた。神永らに求められたのは、〝用心棒〟の役割であった。

仕事はそれだけではなかった。園児たちには柔道を教えた。卑屈《ひくつ》になりがちな子供たちが「社会に出た時、プライドを持って生きていける人間を造る」というのが、鵜目理事長のモットーだった。

神永はこの「澄水園」で人生修行を積み、人間を磨いたのである。

後輩の坂口も、お腹いっぱい食べたいばかりに「澄水園」に入った。

坂口が入園したときの様子を、明大レスリング部の藤田嘉雄（一九六二年卒）が回想録に綴っている。

〈三年後輩の坂口征二君が入園した時は、玄関に脱がれた靴を見て、余りのビッグサイズに背筋が凍る様な思いをした事を、今でも忘れることはできません〉

柔道部員やレスリング部員たちは、〝用心棒〟の対価として食事にありつけたのだが、むろん贅沢《ぜいたく》なものでなかった。少し冷えるとボロボロになり、汁をかけて食べるしかない米、外米、人造米、麦の四種混合の御飯をいただいたのである。神永や坂口の時代は、まだ戦争の影を色濃く残していた。

のちに坂口は柔道からプロレスに転向するが、「プロレスラーになったら、こんなおいしい焼肉をたらふく食べられる」と思ったことが契機だったと伝えられる。

坂口がその頃を思い出す。

「二十五歳になるちょっと前でした。既成事実をつくり、最もお世話になった神永さん、曽根さん、鵜目さんの三人に報告したんですが、猛反対されました。とりわけ、神永さんは大粒の涙を流し、『おまえ、どうしてプロレスにいくんだ』と、絶縁までほのめかし、強い口調でいわれました。怒りではなく、心底心配してくれていたんです。なんていい人なんだろうと思い、自分も泣きそうになりました……」

終了一分前　猪熊の「背負い投げ」

皇太子殿下（現・上皇）と正田美智子《しょうだみちこ》さん（現・上皇后）のご成婚パレードから一カ月後の一九五九年五月五日、千駄ヶ谷の東京体育館は一万人を超す大観衆を集め、神永昭夫五段（富士製鉄）対猪熊功四段（東京教育大学）の全日本柔道選手権決勝の火蓋《ひぶた》が切られた。

決勝は二〇分という長時間のため、慎重な組み手争いからスタート。まずは神永が猪熊の左袖口をしぼり、得意の背負い投げを封じる。一方、猪熊は神永を押しに押し、押し返すところを背負わんとしたが、神永はその手に乗らず、前半の一〇分が経過した。

後半に入り、神永が大内刈《おおうちが》り、内股《うちまた》と攻勢に出たが、猪熊から体落《たいお》としで逆襲され、前に泳いで手をつく。神永は反撃に出て、大内刈り、小内刈り、内股を連発するが、猪熊に上からつぶされた。

判定になると実績で不利を免れない猪熊は、積極策を取った。前に出る猪熊と押し返す神永。時計の針が一九分を指したときだった。場外寸前まで押し込まれた神永が押し返して前に出た瞬間を猪熊が見逃さなかった。神永を背負うと、大きくゆっくり、まるでスロービデオのように神永の体が回転し、仰向けに倒れた。東京体育館は耳をつんざくばかりの大歓声がこだました。

直後、おかしなことが起きる。主審の三船久蔵《みふねきゅうぞう》十段（秘技・隅落とし〈別名・空気投げ〉の創始者。「柔道の神様」と呼ばれる）が、凍りついたように立ち尽くし、何の反応も示さなかったのである。

翌日の毎日新聞（五月六日夕刊）は、「見苦しい審判の不手際」という見出しを掲げ、三船を次のように糾弾《きゅうだん》した。

〈タイムアップ直前の猪熊の背負い投げは完全に一本だった。ところが三船主審はこれを取らず、外人客やスタンドではシタ打ちする有様。ややあって大蝶（美夫）副審（九段）から注意され、あわててワザありと宣告された。……どの審判も固定して動かず、高段にアグラをかいた審判ぶりはおよそ近代柔道にふさわしくない。もっと若いピチピチした審判を使わないと柔道はあきられてしまう〉

三船は月刊「柔道」（五九年六月号）誌上で反論している。

〈……三船が副審の注意で初めて「技あり」にしたかのように攻撃した新聞などがあったが、そんなばかなことはない。あれはまったく間髪を入れず宣告したので、観衆の大歓声のためにそれが聞こえなかったのである〉

「柔道の神様」が新聞で槍玉《やりだま》に挙げられるほど、猪熊の背負い投げが見事だったというしかない。

マスコミは猪熊の優勝を、こぞって「大番狂わせ」と報じた。初出場選手の優勝も初めてなら、学生の日本一も初めて。しかも、二十一歳という史上最年少の王者であった。

「優勝なんて全然考えておらず何が何だかわからない。柔道の渡辺利一郎先生と母は喜んでくれるでしょう」（猪熊）

猪熊は一九三八年二月四日、神奈川県横須賀市で生まれた。神永が三六年十二月二十二日生まれだから、年齢は二つ、学年は一つ下ということになる。

意外なことに、少年時代の猪熊は病弱で、横須賀市立不入斗《いりやまず》中学二年のとき、自宅近くの渡辺利一郎（七段）道場の門を叩き、柔道を始める。三歳上の森徹（のち中日、大洋など。猪熊が日本一になった年に本塁打王と打点王を獲得）には、面白いように投げ飛ばされたという。

横須賀高校入学後、仲良しでケンカ相手だった米兵からボディービルを教わり、肉体改造に取り組む。神永は「力を強くするウエイトトレーニングも、体を大きくするプロテイン（タンパク質）も、柔道界で最初に始めたのが猪熊だ」と語っている。猪熊の強烈な背負いは、ウエイトとプロテインで培ったものだったのである。

ちなみに、旧制横須賀中学の初代校長は吉田松陰《しょういん》の甥の吉田庫三《くらぞう》。横須賀高校ＯＢには、政治家の小泉純一郎、ノーベル物理学賞を受けた小柴昌俊らがいる。

みちのく仙台で生まれた神永は、東北高校三年のとき、先にふれたように、講道館の紅白試合で一九人抜きを演じ、初段から三段に二階級特進。明大四年のとき、第二回世界選手権で準優勝。猪熊が進取の気性に富んだ〝異端児〟なら、神永はいわゆる保守本流ともいうべき〝正統派〟だったのである。

終了一分二一秒前　神永の「袈裟固め」

一九六〇年五月一日、全日本柔道選手権大会決勝は、神永と猪熊（当時・順天堂大学助手）の再戦になり、前年以上の一万二〇〇〇人が東京都体育館に殺到した。

神永が赤帯、猪熊が白帯を結んで登場し、「始め！」の声がかかった。神永が相手を凝視《ぎょうし》し、間合いを計るのに対し、猪熊は頭を突き出し、機を窺《うかが》う。神永は猪熊の右袖口を押し気味に握り、背負い投げを警戒する。

一〇分が経過したときだった。猪熊のやや不用意な大外刈りに、神永が間髪を入れず左小外掛けを放ち、猪熊が横転。大きなポイントになり、神永が優位に立った。さらに神永は支え釣り込み足で猪熊に膝をつかせ、優勢を確実なものにした。

その後、両者、頭をつけ合い、腰を引き、決め手となる技を放てず、午後四時三十九分、タイムアップ。両副審が赤旗を高々と掲げ、神永の優勢勝ちが決まった。

「大会前に海外に四〇日間出かけたので稽古不足だった。体重もベストの一〇〇キロに戻っていないが、なんとか戦い抜けた。猪熊さんは決勝までの試合で疲れていたようで、最初に組んだとき、去年とは違う感じがした」（神永）

日本の柔道界は神永と猪熊の力が飛び抜けていた。翌年の全日本柔道選手権大会（四月三十日）も、史上初めて三年連続決勝で日本一を争うことになった。

戦いを前にし、二人の表情は対照的だった。神永は控え室で横になって瞑目《めいもく》していたが、猪熊は六人がかりのマッサージを受けていた。

優勝戦は、両者一勝一敗で、決着をつける三度目の戦いだけに、「始め！」の声が掛かっても、お互いに牽制しあった。神永は猪熊の右腕、猪熊は神永の左腕といったように、お互いに利き腕を殺し合い、ポイントを奪えないまま、二〇分が経過。勝負は五分間の延長戦になだれ込んだ。

延長戦になると、一転して激しい組み手争い。神永が猪熊の左袖口を絞り、一本背負いを防げば、猪熊は一本背負いで決着をつけるべく、動きに動いてチャンスをうかがう。

先にポイントをとったのは猪熊。延長二分半、体落として攻め、神永が反撃に出たところを横から抱きついて後ろに返し、場内はどよめいた。

三〇秒後、神永が反撃。奥襟を取り、左体落として猪熊を横転させた。「技あり」の声がかかった直後、神永は崩れ袈裟固《けさがた》めに入り、合わせ技で堂々の勝利。時計は三分三九秒。終了時間一分二一秒前であった。

「延長戦に入り、機を見て内股に出たところを返され、ポイントを取られた。次の瞬間、なにくそと全身に闘志が湧いた。体落とし、袈裟固めは無我夢中の技だった」（神永）

対戦成績は神永の二勝一敗。新聞は「神永時代到来」と報じたが、真価が問われるのは、三年後に迫った東京オリンピックだった。

半年後の十二月二日、神永はフランスで行われた第三回世界選手権に出場。小雨烟《けむ》るパリのクーベルタン（近代オリンピックの創始者）体育館は、日本のエースとヨーロッパの新星がどんな柔道をするか興味津々で、六〇〇〇人の観客が詰めかけた。

二人の対決は準々決勝で実現したが、結果は新星がエースを圧倒。支え釣り込み足で着実にポイントをかせぎ、優勢勝ちを収めたのである。いうまでもなく、神永が苦杯を喫した新星は、〝オランダの巨人〟アントン・ヘーシンクであった。

II 〝柔道〟が泣いた日

〝巨人〟の相手は〝神〟か〝熊〟か

〝オランダの巨人〟アントン・ヘーシンクが来日したのは、東京オリンピックが開幕する一カ月前の一九六四年九月十日。羽田東急ホテルには百人もの日本人記者が待ち構えていた。

「出場するのは、重量級（体重八〇キロ以上）か、それとも無差別級か」

渋いグレーの背広にモスグリーンのネクタイをきりりと締めたヘーシンクは、不敵《ふてき》な笑みを浮かべて答えた。

「無差別級だ」

ヘーシンクがどちらに出るかは、世界柔道界の最大関心事。誰が見ても力は抜きん出ており、他国の関係者は彼が出ないほうにエントリーしたいと考えていたのである。

ベテランの柔道担当記者によると、日本も例外ではなかったという。

「当時の柔道界は、学閥が幅を利かせていました。神永昭夫が明治大学出身なら、猪熊功は東京教育大学（柔道の創始者・嘉納治五郎《かのうじごろう》が校長を務めた旧・東京高等師範学校。現・筑波大学）の卒業。両校OBのお歴々は、ヘーシンクと戦わせたくなかったんです。負けるのを恐れたからではありません。後輩が一敗地に塗れ、自分たちが恥をかきたくなかったんです」

東京オリンピックで柔道が正式種目に決まったのは、一九五九年。奇しくも、神永と猪熊が初めて日本一の座を争い、全日本柔道選手権の決勝を戦った年だった。

ヘーシンクが無差別級出場を宣言し、オリンピックの選考委員たちは〝巨人〟の相手を〝神〟にするか〝熊〟にするかで頭を悩ました。

「柔道界のお歴々が懸念したのは、重量級と無差別級の両方で金メダルを失い、批判の刃が自分たちに向かうこと。ヘーシンクが無差別にエントリーし、彼以外の大型外国人は重量級に殺到することが予想された。神永は三年前に左膝の靭帯を断裂し、以来、体調は万全でなく、大型選手との対戦は負担が大きかった。外国人選手は、上体が強いが、下半身が弱い。担ぎ技が得意な猪熊なら、投げ飛ばしてくれると期待したんです」（前出の記者）

日本柔道界のトラウマは、ひとえにフランスのパリで行われた第三回世界選手権（一九六一年）にあった。

前に記したように、準々決勝で神永がヘーシンクに優勢勝ちを許すと、日本勢は総崩れ。準決勝では、古賀武（同年、全日本学生選手権優勝）がヘーシンクの捩《ねじ》り込むような内股で宙に舞い、一本取られた。決勝では、曽根康治（第二回世界選手権優勝）がヘーシンクに外巻込（相手を腰から背中にかけて乗せ、巻き込んで投げる技）で倒され、袈裟固めで敗れた。皮肉なことに、のちに東京オリンピックで神永がヘーシンクに敗れるときと同じ技だった。

日本の新聞や雑誌は、大きな衝撃を受け、こんな見出しを掲げた。

〈柔道日本パリに死す……〉

ヘーシンクを育てた日本人

アントン・ヘーシンクは、一九三四年四月六日、オランダの首都・アムステルダムから南へ三〇キロのユトレヒトで生まれた。父親はユトレヒトの中心部を南北に流れるアウデクラフト運河を往来する船乗りで、家は貧しかった。

アントン少年は十二歳で建築現場に出て働き、煉瓦《れんが》積みの仕事に汗を流し、十四歳のときに柔道を始める。彼が小柄でやせっぽちの男の子だったら、歴史に名を残す柔道家にはならなかったであろう。恵まれた肉体の持ち主だったからこそ、日本人柔道家の道上伯《みちがみはく》（大日本武徳会五段、講道館七段、フランス柔道九段）の目に留まった。

道上は学生時代から一度も負けたことがなく、生涯無敗を誇っていた。一九五三年には、パリのクーベルタンスタジアムで、フランスの強豪選手一〇人を、六分三〇秒で次々倒したという逸話の持ち主だった。

『ヘーシンクを育てた男』の著者、眞神博《まがみひろし》が二人の出会いを語る。

「道上に取材すると、ヘーシンクに初めて会ったのは一九五五年春。フランスに柔道の楔を打ち込んだ道上が、オランダ柔道連盟から招待されたときでした。第一印象は、顔色の悪い建築労働者というもの。首が太く、かつ長く、〝ビール瓶〟のような男だったと話していました」

道上は「彼を育ててみたい」と提案したが、オランダの連盟幹部は一蹴した。

「だめです。彼は階層が低い」

ヨーロッパの柔道は、騎士道に通ずる上流階級のものと考えられていたのである。

道上がヘーシンクを評価したのは、素直な性格と煙草を吸わないこと。足腰の鍛錬が必要だというと、ユトレヒトからアムステルダムまで自転車で三〇キロも走ってきた。オランダは煙草がうまくて安かったが、ヘーシンクは一本も吸わなかった。

真面目一方の男だったが、柔道のほうはヨーロッパ選手に勝てても、日本選手に勝てなかった。

道上の指導を受けて一年後、第一回世界選手権（一九五六年、東京）に出場したが、準決勝で吉松義彦七段に内股、第二回世界選手権（一九五八年、同）も、準々決勝で山舗公義《やましききみよし》六段に内股返しで一本取られ、涙をのんでいる。

だが、ヘーシンクはへこたれなかった。彼は進取の気性に富んでおり、独自のトレーニングを始めた。バーベルは持ち上げるばかりでなく、左右に大きく振って腕力を鍛えた。このトレーニングが、のちの必殺技、支え釣り込み足を生む。

筋トレを始めた最初の柔道家は、ヨーロッパではヘーシンクだが、日本では猪熊を嚆矢《こうし》とする。

猪熊は打ち明けている。

「あれは東京オリンピックの直前でした。後楽園のジムで筋トレをしていたら、目と鼻の先の講道館で稽古を終えたヘーシンクとバッタリ会い、火花を散らしたことがありました」

ヘーシンクは、ほかのスポーツを柔道の技に生かす独創性があった。

第四回世界選手権の重量級三回戦でまみえた坂口征二（当時・旭化成。のちプロレスラー）が力説する。

「ヘーシンクは日本の柔道家にない、トリッキーな動きを見せました。たとえば、立ち技から寝技に持ち込む際の独特の身のこなしは、レスリングを応用したものでした」

ヘーシンクはアマチュアのレスリング大会で何度も優勝経験があった。フリースタイルではなく、上体だけを使うグレコローマンの選手だったのである。

先述した第三回世界選手権の優勝は、一連のトレーニングの結晶《けっしょう》だったといっていい。参加二五カ国、五七人の猛者《もさ》が揃った大会で世界一に輝いたヘーシンクは、オランダの英雄になった。

前出の眞神が、その後を語る。

「ヘーシンクがつくったユトレヒトの道場は、入門希望者が引きも切らず、三〇〇〇人を超え、石油メジャーのBPが援助を申し出たといいます。道路に面した通りは〝ヘーシンク通り〟と名付けられ、オランダ政府からはオレンジ・ナッソー勲章を授与されました」

かつて「階層が低い」と蔑《さげす》まれた少年は、青年になり、騎士に列するオレンジ・ナッソー勲章を受けたのである。

無差別級は神永

一九六四年十月六日夜、講道館会議室で、松本安市日本代表監督（天理大学監督）をはじめ強化コーチが集まり、無差別級の神永起用を正式に決めた。エントリー期限の最終日だった。

松本監督はマスコミに説明した。

「ヘーシンクは昨年末に天理大学へ稽古に来たが、返し技を盛んに研究していた。我々の経験からすると、返し技を練習するようになるのは、峠を越えたとき。ヘーシンクの力はパリのときより落ちている。対する神永はパリ当時より調子が上がっている。絶対勝てるとはいえないが、猪熊なら一か八か。神永なら一本を取れなくても優勢勝ちにもっていけるはずだ」

神永が記者に囲まれたのは翌朝七日。選手たちは東京・代々木の選手村に入っており、「NIPPON」という白い横文字が入った赤いジャージー姿で猪熊らと食堂から出てきたところを直撃されたのである。

「そうですか。私はまだ何も正式に聞いていません。どちらのクラスに出ようと、ベストを尽くすつもり。ヘーシンク一人に絞ってやってきたので、覚悟はできている。体重も一〇二キロとベストです」

神永はついに来るべき時が来たという引き締まった表情だった。連絡の使者は、明治大学と富士製鉄（現・日本製鉄）の先輩、曽根康治だったといわれる。

十月十一日、柔道の組み合わせ抽選会が落成したばかりの東京・九段の日本武道館で行われた。八角形の建物は法隆寺、屋根は富士山をイメージしていた。神永とヘーシンクは同じ組に入り、予選リーグ一組の第二試合でぶつかることになった。

決戦前日の十月二十二日、『姿三四郎《すがたさんしろう》』（富田常雄の長編小説）の名前の由来とされる姿節雄《すがたせつお》（八段）が武道館の控え室をのぞくと、神永はベッドに横になっていた。

「今晩はよく眠らないとだめだぞ」

姿が声をかけると、神永は苦笑いした。

「どうしたって興奮しますよ」

実際、神永は大事な試合前夜は眠れなかった。後年、指導者に転じると、若い選手に告白している。

「試合前夜、おれは怖くて眠れなかった。一睡もせずに試合をするなんて、しょっちゅうだった。よく眠れるようになったのは、負けるようになってからだ」

ヘーシンクも、決戦が近づくと、新聞記者に悪夢を見たと話している。神永を抑えこんだとき、指が柔道着にからまり、神永が逃げようとした瞬間に指が折れ、目が覚めたという。〝オランダの巨人〟もまた、繊細な男だったのである。

組んだ瞬間負けを予感

一九六四年十月二十三日午後一時、日本武道館に皇太子殿下ご夫妻、オランダのベアトリックス王女を迎え、無差別級の試合が火蓋を切った。

予選リーグ一組第二試合の神永対ヘーシンク戦は、予想に反する展開になる。序盤は相手の出方をうかがうと思われていたが、堂々と組み合う力勝負になった。

最初に仕掛けたのはヘーシンク。得意の支え釣り込み足で何度も攻めたて、神永の体を大きく傾かせると、上からつぶしにかかった。寝技に持ち込もうという作戦だったが、神永は場外に逃れた。ここまで、時間はわずかに二分。

後日、神永は講演で吐露《とろ》している。

「一礼してヘーシンクと組んだとき、まさに度肝を抜かれました。柔道というのは、組んだ瞬間に相手の力量が判断できるものです。彼の柔道は予選（筆者註＝第一試合のピサーブリッジ〈イギリス〉戦）を見て感じた以上に変わっていました。自護体（同＝両足を広げ、重心を低くする姿勢）の柔道のはずが、堂々と組む正攻法になり、積極的に攻めてきました。〝これは強いぞ、勝てるかな〟という懸念が一瞬脳裏を掠《かす》めました。開始まもなくこんな気持ちに襲われたのは初めてでした……」

神永は負けじと大内刈り、体落としを繰り出したが、ヘーシンクは崩れない。四分を経過し、ヘーシンクは再び支え釣り込み足を仕掛けるが、神永はこらえる。神永が反攻に出て、左大外刈りでヘーシンクを横転させたが、神永もいっしょに倒れ、同体となり、主審は場外を宣した。

後半は両者決め手を欠き、難しい判定になったが、僅差でヘーシンクの優勢勝ちに決した。

神永が控え室に戻ると、コーチの曽根が声を張り上げた。

「おい、誰か坂口を呼んでこい！」

明大後輩の坂口は〝仮想ヘーシンク〟として神永の稽古相手になっていた。

部屋からメディアが追い払われ、駆けつけた坂口と神永の打ち込みが始まる。二人が体をぶつける際の「シュッ」、「シュッ」という声だけが控え室にこだました。

ヘーシンクに敗れた神永だが、同組のピサーブリッジを大内刈りで下し、敗者復活戦に回る。ライアン（アイルランド）を合わせ技、オン（フィリピン）とグラーン（ドイツ）をいずれも体落としで退け、再びヘーシンクと激突することになった。

注目の決勝戦には一万五〇〇〇人の大観衆が詰めかけた。青畳《あおだたみ》のそばには、日本とオランダの関係者が陣取り、それぞれが固唾《かたず》を呑んで「始め！」の声を待っていた。

その中に、重量級に出場した選手がいた。猪熊だった。準決勝ではソ連のアンゾール・キクナーゼ（一八四センチ、一〇四キロ）を合わせ技、決勝ではカナダのダグ・ロジャース（一九〇センチ、一二五キロ）に優勢勝ちし、金メダルを獲得していた。

だが、猪熊の胸中は複雑だった。できるなら自分が無差別級に出場し、ヘーシンクを倒したいと思っていたからにほかならない。

号泣した猪熊

午後三時四十分、世紀の一戦が始まった。お互い両手を高く掲げ、「さあ、来い」とばかりのパフォーマンスを見せると、場内はどよめき、歓声が交錯した。

ヘーシンクはいきなり跳び上がって襲いかかる仕草を見せるが、神永は動じない。一分が経過し、ヘーシンクが珍しく右内股を見せたが、浅かった。組み手を嫌ったヘーシンクが持ち替えたすきに、神永が左内股でお返ししようとしたが、足の長さが違いすぎて決まらない。ヘーシンクは何度も支え釣り込み足を繰り出すが、神永はいなしつづける。

神永は大内刈り、体落として果敢に攻め、崩れたところを抑えこもうとしたが、寝技は二歳年上のヘーシンクに一日の長があり、場外に逃れる。四分経過。

青畳の中央に戻り、ヘーシンクが必殺の支え釣り込み足を放つと、神永がぐらつく。しかし、ヘーシンクは立ち技だけで勝つのは難しいと判断したのか、肩越しに神永の帯を取り、強引に寝技へ持ち込もうとしたが、神永がこらえる。五分経過。

それまで神永はヘーシンクの支え釣り込み足を警戒し、右へ右へと回っていたが、左へ回ったとたん、ヘーシンクの支え釣り込み足が飛んできた。神永は思わず横転し、「ドスン」という音が武道館にこだました。すかさずヘーシンクが襲いかかる。横四方固めを狙って覆い被さったが、神永は体を反転させ、場外へ逃げる。再び中央に戻り、神永が左大外刈りで攻めるが、同体で場外へ。七分経過。

神永、今度は左大内刈りを仕掛けると、ヘーシンクの身体が傾き、もつれて場外で倒れる。次の瞬間、ヘーシンクは倒れ込んだ神永の帯を掴《つか》んで引っぱり上げ、場内によよめきが起きる。

運命の瞬間は、八分三〇秒に訪れた。神永が大内刈りから体落としにいこうとした矢先、へーシンクが巨体を利して上からつぶし、ここぞとばかり寝技に持ち込んだ。神永は作戦にひっかかり、抑え込まれ、左袈裟固めを決められた。左腕で首を巻かれ、右手で左手を抱えられ、神永は体を跳ねたり捩ったり、エビのように抵抗したが、がっちり決まって逃れられない。

このとき、どよめきは起きなかった。場内を支配したのは、沈黙と静寂であった。一〇秒、二〇秒が経過し、畳の近くにいた首の太い男が、身を乗り出して叫んだ。

「起きろ！　起きろ！」

猪熊だった。いまにも泣き出しそうな声であった。

最新式の電気時計が三〇秒を経過し、試合終了を告げる笛が鳴った。試合時間は九分二二秒。

青畳に目をやれず、うなだれ、しゃくり上げ、号泣している男がいた。猪熊だった。

III 二人ともサムライだった

「JUDO」の人柱になった神永

アントン・ヘーシンクが神永昭夫を袈裟固めで抑え込み、東京オリンピックの金メダル獲得を決めたときのことだ。昂奮《こうふん》したオランダのコーチが青畳に上がって駆け寄ろうとすると、ヘーシンクは眉間《みけん》に皺《しわ》を寄せ、右手で制した。

日本武道館に詰めかけた観客は、感嘆の声を上げた。柔道の創始者・嘉納治五郎が説いた「自他共栄」の精神を、外国人のヘーシンクが示したからにほかならない。

立ち上がった神永は、笑顔でヘーシンクと握手を交わした。

後日、彼は力説している。

「柔道はたんに勝ち負けを争う競技ではない。柔道の柔道たるゆえんは、結果のいかんを問わず、相手を思いやることにある」

神永の考えは、まさにクーベルタンが提唱したオリンピック精神だった。

神永が控え室に戻ると、

「先輩、ご苦労さまでした」

とタオルを差し出した長身の男がいた。明大柔道部の後輩、坂口征二であった。

神永がそのタオルで汗を拭うと、新聞記者に囲まれた。

「ぼくとしては全力を尽くしました。これ以上の試合をやれといわれても無理です。悔いのない試合でした」

会社の同僚である佐々木喜朗《よしろう》（のち新日鉄副社長）は、『神永昭夫の軌跡』という追悼文集で、当夜、神永の自宅に押しかけたことを告白している。

〈……悪童共は、口惜しさのもっていき場もなく、群れをなして飲みに出かけた。酔っ払いの浅はかさ。一晩ぐっすり休ませてあげればいいものを、彼を慰めにいこうということになり、彼の家へ押しかけた。彼は厭な顔も見せずに起きてきて相手をしてくれた。話が、やはり試合のこととなった。皆がいろいろ言うのを聞いていたが、最後に彼は淡々と言った。

「ヘーシンクは強かったです」

と。その言葉の重みは、酔った私共の頭にもずっしりと響いた。それ以外のいかなる言葉でも表せない凄味があった。それだけが彼の万感の思いを言い表せるものであった〉

翌日、神永は出勤すると、いつもどおりに仕事をこなした。

「得意淡然《とくいたんぜん》、失意泰然《しついたいぜん》」

勝海舟が好んで揮毫した言葉が、神永の柔道哲学だった。

二〇一四年十二月二十五日、神永の末弟・正夫を入院中の福岡の病院に見舞うと、こんな話をしてくれた。

「ヘーシンクに敗れた日は、仙台の実家にも、兄の敗戦を批判する電話が殺到しました。以来、家族は本人の前でその話題を避けるようになりました。ただ、兄だけは柳に風で、東京オリンピックを回顧するテレビ番組でヘーシンク戦の映像が流れると、『ああ、まただもんなあ』と腹を抱えて笑っていました」

神永家の男たちは、東北人のたくましさなのか、逆境にあっても明るさを失わなかった。正夫はがんで入院していたが、取材中、終始笑顔だった。「我が家の七不思議は、父・雪をはじめ、兄たちが全員、なぜかがんで死んでいることなんです」

先輩の記者から、正夫が膵臓がんで亡くなったという電話があったのは、それから二カ月後のことだった。

神永がヘーシンクに敗れ、日本「柔道」の落日と内外から批判されたが、皮肉なことに、世界「ＪＵＤＯ」の曙になった。

もし、神永がヘーシンクに勝ち、日本が全階級で金メダルを獲得していたなら、二度とオリンピック種目になることはなく、国際化の道は断たれたであろう。神永は「柔道」が「JUDO」になるために、人柱《ひとばしら》になったのである。

猪熊〝敵討ち〟成らず

神永がヘーシンクに敗れたとき、青畳を叩いて号泣した猪熊功は、試合後、神永から声を掛けられた。

「あとは、頼んだぞ」

例によって、すべてを包み込むような優しい笑顔だった。

のちに猪熊は吐露している。

「身が引き締まる思いとは、まさにこのことでした」

東京オリンピック後、猪熊は猟犬のようにヘーシンクを追い求める。神永の〝敵討《かたきう》ち〟が目的だったのはいうまでもない。

あまり知られていないが、ヘーシンクは東京オリンピックの無差別級で金メダルを獲得した後も日本に滞在し、試合に出つづけている。

神永戦二日後の一九六四年十月二十五日には、国際親善柔道競技尼崎大会の重量級に出場。決勝トーナメント一回戦で、加藤雅晴四段（富士製鉄）に小外掛けで〝技あり〟を取られると、顔を真っ赤にし、猛反撃。神永同様、上から押しつぶして寝技に持ち込み、袈裟固めで勝利した。

ところが、試合後、怒《いか》り心頭《しんとう》に発し、会場を後にした。

「〝技あり〟を取られた小外掛けは、寝技に持ち込むための作戦。審判のミスジャッジだ」

場内の柔道ファンは、ヘーシンク憎しとばかり殺気立っており、試合続行を回避したのだった。

ところが、ヘーシンクは二日後の十月二十七日にも、東京オリンピック記念柔道天理大会に出場。大将戦で長谷川博之五段（東レ。一九六二年から二年連続全日本選手権準優勝）と対戦。神永や二日前の加藤同様、寝技に持ち込み、崩れ袈裟固めで屠《ほふ》っている。

日本の一線級が立て続けに寝技で不覚を取ったという事実は、歴史のアイロニー（皮肉）といっていい。

戦前、柔道界で隆盛を誇った大日本武徳会《だいにっぽんぶとくかい》は、立ち技より寝技を重視した団体だった。勝つためなら、のっけから寝転び、寝技の応酬がつづくことも珍しくなかった。

しかし、戦後、GHQから上層部の人間と軍部の繋がりを指摘され、解体を余儀なくされた。対照的に、拡大の一途を辿ったのが、一介の町道場にすぎなかった講道館。GHQ幹部を巧みに取り込み、柔道が「スポーツ」であることをアピールし、生き残りを図った。結果、講道館の柔道は見栄えのする立ち技を重視するようになり、寝技が軽視されたのだった。

猪熊は「長谷川、ヘーシンクに敗れる」の報に接し、地団駄を踏んで悔しがった。〝内股の名手〟と呼ばれた長谷川は、猪熊と同じ東京教育大学の出身。家に下宿させてもらったこともある先輩だった。

筆者が長谷川（二〇一六年、死去）に取材したのは、二〇一五年冬。さいたま市の浦和柔道センター「修心塾《しゅうしんじゅく》」を訪ねると、恐ろしく寡黙な男だった。猪熊の思い出を訊くと、青畳に正座し直した。

「本物のサムライ。昭和のサムライでした」

言い得て妙だった。神永と猪熊は、性格こそ正反対だったが、いずれ劣らぬサムライであった。

猪熊に〝敵討ち〟のチャンスが到来したのは翌年の一九六五年十月。ブラジルのリオデジャネイロで開かれた第四回世界選手権だった。

満を持して無差別級にエントリーした猪熊だが、重量級と無差別級の両方に登録したヘーシンクは、重量級で優勝を飾り、無差別級の出場を拒んだ。猪熊が〝敵討ち〟に躍起になっていたからにほかならない。

言い分はこうである。

「重量級で日本チャンピオン（同年の日本選手権優勝）の坂口征二に勝ったのだから（三回戦）、無差別級に出る必要がなくなった」

落胆した猪熊だが、無差別級に出場し、準決勝でキクナーゼ（ソ連）、決勝でキプロツァシビリ（同）を体落として屠り、優勝した。

世界チャンピオンになり、アメリカから招かれ、柔道行脚《あんぎゃ》の旅に出た猪熊は、「柔道新聞」の工藤雷介に手紙を書き送っている。

〈現在（十一月三日）ロスに滞在していますが、これから三カ月間、アメリカ各地を一人旅します。〝打倒ヘーシンク〟を唯一の目標にはるばるブラジルまでやってきたのに、無差別で彼に逃げられ、ついに悲願を達成することが出来ずに、残念に思います。ヘーシンクも東京オリンピック当時と比べると、目に見えて力が落ちていました。得意の払い釣り込み足が全く威力を失い、ただわずかにロジャースを右内股で〝技あり〟を取ったのが目立ったくらいです……〉（『秘録・日本柔道』工藤雷介著）

ヘーシンクのその後にも、少しだけふれておきたい。一九七三年、全日本プロレスのジャイアント馬場に口説《くど》かれ、プロレスラーになったが、柔道のような輝きを放てず、わずか四年でリングを降りた。

坂口征二は笑顔で話している。

「はっきりいって、柔道は強かったが、プロレスは不細工でした」

ヘーシンクが柔道をやめ、引退すると、猪熊もまた、

「戦う相手がいなくなった」

と語り、現役を退いた。柔道で不完全燃焼に終わったことが、彼をビジネスの世界に進ませ、破滅《はめつ》の道にいざなわれることになる。

猪熊の口癖はこうだった。

「ヘーシンクに敗れた神永さんが不運なのか、ヘーシンクと戦えなかった自分が不運なのか。いくら考えても分からない」

神永が直腸がんで亡くなるのが五十六歳。猪熊が自ら命を断つのが六十三歳。竜虎相搏つライバルだったが、光には等分の影があった。

遺書〈毎日が地獄だ……〉

東海建設社長室長の井上斌《たけし》が、社長の猪熊から自殺をほのめかされたのは、アメリカ同時多発テロが勃発する前日の二〇〇一年九月十日。場所は東京都新宿区の東海建設社長室だった。

朝七時四十分から始まった会議が終わると、猪熊から、

「ドアを閉めてくれ」

といわれ、井上が従うと、いきなり切り出した。

「おれは自殺するぞ」

「えっ、何でですか」

「資金繰りがどうにもならん。銀行は東海大学の保証がなければ融資できないという。このまだと、今月末に東海建設は倒産する。先代総長（筆者註＝東海グループ総帥・松前重義《まつまえしげよし》）から預かった会社を四〇年目にして滅ぼすのは、おれの責任だ。死をもって社員と総長に償いたい。おまえはおれが連れてきた側近中の側近だ。協力してくれ」

猪熊より八歳年下の井上は一九四六年、北京生まれ。産声を上げたのは捕虜収容所で、父は特務機関で働いていたという。

慶応大学進学後、早稲田大学の合気道部に通って腕を上げたという猛者で、住友不動産に就職し、ハワイで猪熊と知り合い、一九八九年四月に東海建設へ入社。猪熊が柔道八段なら、井上は合気道六段。合わせて一四段のコンビだった。

井上（現・73）が振り返る。

「私は猪熊さんを兄貴のように慕い、猪熊さんは私を弟のように可愛がってくれました。彼が精神的に追い込まれるのは、亡くなる二、三年前から。会社経営が悪化し、二〇〇億円もの負債を抱えるようになり、気持ちが乱れていきました。それまでは、『もしヘーシンクと戦っていたら』と訊かれると、決まって『やってみなきゃ分からんよ』と答えていたんですが、『おれが勝っていた』と嘯《うそぶ》くようになりました」

弱気な自分を晒《さら》したくなくて、強気な言葉で飾るようになったのかもしれない。

『勝負あり　猪熊功の光と陰』（井上斌・神山典士著）によると、自殺をほのめかした猪熊は、その方法をめぐり、井上に相談を持ちかけている。

〈「……よし、俺は武士らしく父親にもらった日本刀で自殺することにする」

と言った。

「でも猪熊さんほどの筋肉では、ハラを切っても死ねませんよ。介錯なしでは無理ですよ、三島由紀夫の時だって介錯がいたのですから」

「ああそれはわかっているよ。刃物によるものの中では比較的確率が高いとお前が言っていた、頸動脈を切る方法にするよ」

「でもその太い首の筋肉を外側からは切れないですよ。やるなら刃を首の内側に向けて切っ先が項に抜けるくらい刺して、それから刀を思い切り引き下ろすという方法しかないと思いますよ」

「わかった、その方法でやるよ。なーに、円谷（同＝幸吉。東京オリンピック・マラソン銅メダリスト）だってできたんだ。俺にできないはずはない」

というような会話が社長室で続けられた〉

九月十三日夜、西新宿の高層ビル上層階の居酒屋で飲んだ猪熊が、手洗いから出てくると、井上に耳打ちした。

「お前は俺と一緒に車に乗れ。赤堤（同＝世田谷区）の家に来い。きょう決行する」

「えっ、きょうですか」

「ああ、きょうだ」

家に入ると、猪熊は白いパジャマに着替え、風呂場に向かった。

「血が飛ぶだろうなあ」

と、猪熊が腰を下ろすと、音が隣家に聞こえないように、井上が換気口に目張《めば》りをした。

猪熊は亡父の形見である刃渡り四〇センチの脇差しを取り出し、首に当て、

「ここに突き立て、引き切ればいいんだな」

と突く仕草を見せた。父の芳次郎は戦争中、戦艦陸奥《むつ》に乗って戦った元海軍少佐であった。

何度か予行演習を繰り返すうち、猪熊は気が変わったのか、「一杯飲んでからにしよう」とダイニングに立った。

ウオッカを飲みながら世間話をしていると、井上の携帯が鳴った。先刻までいっしょに飲んでいた東海不動産管理の部長だった。

「井上さん、会社を辞めます」

部長が涙ながらに訴えると、異変を察知した猪熊が代わり、なだめたり励ましたりした。辞職を思い留まらせ、電話を切ると、猪熊の顔から険が消えていた。

「きょうはやめだ。おまえは、ここに泊まれ……」

翌日、井上は猪熊のプレジデントに乗り、出勤した。午前中、二人の会話に、総務部長と経理部長が加わると、猪熊が冗談めかして語った。

「会社がこうなると、自殺するしか楽になる方法はないな」

井上はドキリとしたが、何も知らない経理部長は反論した。

「いま自殺したら、銀行が口座をストップし、給料を出せませんよ」

「社員の給料は、いつ振り込まれるんだ」

「九月二十一日です」

「二十一日かあ」

二人の部長が退出すると、猪熊は井上に囁《ささや》いた。

「自殺するのは、二十一日だ。おまえはおれの家に泊まり込み、離れるな。おれの気力が落ちないようにサポートし、最後を看取ってくれ」

この日から、猪熊は日記を付け始める。使用したのは「東海建設株式会社」と書かれた横書きの社用箋（B5サイズ）。猪熊らしく、大きな字で書きなぐっている。
〈平成13年　猪熊功
9月14日
今日も頑張った。毎日が地獄だ、生きるのも死ぬのも。今迄のつぐないだ〉
〈9月15日
久し振りに自宅の階段を上り下りし、腕立て伏せ50回。汗をかく。1日1日が過ぎ去って行く。
夕方5時30分、突然亨《とおる》（同＝長男）とあつ子（同＝長男夫人）と晶《しょう》（同＝孫）が心配して来た。
孫の顔を見たら気が弱くなると会いたくなかったが、涙が止まらない……〉
猪熊の決行予定日は、六日後に迫っていた。

IV こうしてサムライが死んだ

神永が遺したもの

神永昭夫が東京都千代田区の警察病院に入院したのは、プロサッカーリーグのJリーグが旗揚げした一九九三年冬である。

神永を病室に見舞った猪熊功（東海建設・社長）は、井上斌（同・社長室長）によると、帰りの車の中で、ショックのあまり泣きじゃくっていたという。

「偉丈夫の神永さんが、すっかり痩せてしまい、可哀想でならなかった」

神永の病気は、末期の直腸がんであった。

彼の現役引退後の功績は、指導した世界柔道選手権の金メダリストを列挙するだけで十分かもしれない。

全日本柔道連盟の強化コーチや強化委員としては、佐藤宣践《のぶゆき》、丸木英二、湊谷弘、重岡孝文、松永満雄、須磨周司、笹原富美雄、園田勇《いさむ》、園田義男、篠巻政利、藤猪《ふじい》省三、津沢寿志《ひさし》、川口

孝夫、関根忍、野村豊和、小川直也、吉田秀彦、古賀稔彦《としひこ》。

明治大学の監督としては、上村《うえむら》春樹、篠巻政利、川口孝夫、須磨周司。

一番弟子の上村春樹が『神永昭夫の軌跡』という追悼集に、感謝の一文を寄せている。

〈入学後初めて選手として選ばれた東京学生体重別選手権大会のことです。多少の自信は持って出場したが、結果は一回戦で絞め落とされての一本負け。ガックリして講道館の片隅に座っていたところ、神永先生がたまたま通りかかられ、「春樹、人並みにやったら、人並みにしかならないし、まして素質のないものは、人の二倍も三倍も努力しなければチャンピオンにはなれない」と声をかけてくださった〉

神永も、大学二年の新人戦で絞め落とされた苦い経験があったのだ。

一九七三年の日本選手権決勝前には、こんな助言があったという。

〈決勝は元気な時でも勝ったことがない相手（筆者註＝高木長之助・警視庁）であり、私としては、ケガを理由に棄権したいと思ったほどだった。その時、控え室に入ってこられた神永先生が、私の目をじっと見て「春樹、こういうチャンスは一生に一度しかないかもしれない。もしこのチャンスを逃したら、一生後悔することになるぞ。足は折れても良くなる。思い切って行け」と言われた。（中略）。幸いにも試合はラスト十秒で逆転して優勝することができた……〉

直弟子ではないが、神永を「先生」と呼んだ山下泰裕は、一九七八年にリオデジャネイロで行われた世界学生選手権の思い出を綴っている。

〈……ブラジルへ向かう機内でしたが、「山下飲むか」と先生の好きなバランタインのウイスキーを勧めてくださいました。いきなり酒を勧められびっくりしましたが、お酒をいただきながら伺う先生の選手時代や指導者としての話は、大変興味深く引きつけられて、偉大な先生を身近に感じたものでした〉

この大会は八階級中四階級しか優勝できなかったが、神永の指導法は北風でなく太陽だった。

〈敗れて肩を落としている選手に、「まだまだお前の柔道人生はこれからじゃないか。全力を尽くしたのだから胸を張れ。そしてこの経験をこれからの勝負に生かしていけ」と励まされている先生の姿も強く心に残っています。この大会で神永先生に接し、先生の行動を通して指導者とはどうあるべきかを学びました〉

神永が亡くなる二日前に見舞いに駆けつけた新日鉄の後輩、岩田久和も、追悼集に寄稿している。

〈平成五（一九九三）年三月十九日、九州支店から本社に出張した時に、警察病院へお見舞いに行き、帰る際に、先生から「おっ岩田帰るか、それでは握手をしよう」とベッドの中から右手を出されました。

私はビックリし慌てて右手を差し出し先生と握手しましたが、その右手には全然力がなく淋《さび》しく感じていましたら、「俺は左の方が強いのだ」(同＝神永は左利き)と言われ、今度は左手を出され握手をやり直しました。左手は力強くホッとして帰りましたが、その二日後に先生の訃報を聞き、愕然とするとともに、二日前の握手は先生が最後の別れの挨拶をして下さったのかなと思っております〉

猪熊の脳裏に焼き付いているのは、築地本願寺で執り行われた神永の告別式で、明大師範の姿節雄が読んだ弔辞である。

「神永が試合で疲れたときは『しめた』と思った。あれだけ稽古してきた自分がこれだけ疲れるのだから、相手は潰《つぶ》れる寸前のはずだ……」

そのとき、猪熊は三年連続して戦った神永との全日本柔道選手権決勝を思い出し、涙が滂沱とあふれた。熱いハートの持ち主だけに、感情量も豊富だった。

息子たちと〝最後の晩餐〟

猪熊が自刃《じじん》を決意したのは、神永が亡くなってから八年後の二〇〇一年秋。前述したように、二〇〇億円の負債を抱えた猪熊は、責任を一身に背負い、自殺決行日を九月二十一日に定め、残り火を燃やすかのように、荒々しい字で日記を書いた。

〈9月16日

……宙（同＝ひろし。次男）からTELあり。本当に馬鹿人生だった。無念の人生。薬をのみ、7時30分、就寝。12時半、起きて井上と酒を飲む。彼が居なくてはもうとっくに死んでいる……〉

猪熊と〝義兄弟〟の契《ちぎ》りを交わし、公私にわたって全てを捧げた井上斌が述懐する。

「商社で働く猪熊の次男が駐在先のシンガポールから帰国し、電話があったんです。長男（亨。現・清涼飲料メーカー勤務）もまじえ、三人で食事をしたいと言われ、猪熊は大喜びしましたが、決行日が迫り、冷静に振る舞う自信がないからと、わたしも同席することになりました」

世田谷区赤堤の家で会うことになった猪熊は、まるで柔道部の合宿のように、喜々としてビール、日本酒、焼酎などの酒や、お総菜、缶詰などをスーパーで大量に買い込んだ。息子たちが到着すると、すぐさま寿司の出前も頼んだ。

猪熊と井上は黙々と飲み、息子たちは飲みかつ食べた。猪熊の子供だけあって、酒もめっぽう強く、買ったアルコールをすべて飲み干し、猪熊はおみやげに年代物のウイスキーやブランデーを持たせた。

〝最後の晩餐《ばんさん》〟を終えた猪熊は、

「満足だ。幸せだ」

と、井上に繰り返した。

〈9月19日
……亭、宙、井上と本当に感激の夕食を共にした。二人の息子は親父の自決を知っているかの様だ。本当に涙が出てくるのを止められなかった〉

猪熊の決行予定日は二十一日だったが、経理部長から「九月二十八日に二億五〇〇〇万円の入金があるから、破産申請をそれ以降にしてほしい」と提案があり、一週間延期した。そのため、また息子たちに会う機会が生まれた。

九月二十二日はお彼岸だったため、猪熊家の菩提寺にお墓参りに行くことになり、息子たちが赤堤の家まで車で迎えに来たのである。

横須賀は坂の多い町だった。菩提寺は高台にあり、汐《しお》の匂いがする海風が下から吹き上げていた。

猪熊は父・芳次郎と母・辰巳の墓に花と線香を手向け、井上に呟いた。

「おれも、あと少しでここに入るんだなあ……」

思い残すことは何もなかった。

「まだまだっ、切れてないっ！」

運命の日が来た。二〇〇一年九月二十八日、午後六時三十分から始まった役員会が十数分で終わると、猪熊と井上のほか三人が残り、社長室で缶ビールを飲んだ。空き缶は猪熊自らが給湯室に運び、捨てた。立つ鳥跡《あと》を濁《にご》さずであった。

六階の正面入口と社長室に鍵を掛け、井上とバリケードを築くと、猪熊は東急ハンズで購入した長さ一〇メートルのロープを取り出し、腰に巻き、ロープの端を井上に渡した。井上も同様にロープを腰に巻き、〝一心同体《いっしんどうたい》〟になった。

そのときのことを井上から聞いたのは、慶大ＯＢが利用する銀座の会員制クラブだった。

「ロープを巻いて座った二人の距離は、このぐらいですよ」

応接椅子で向かい合った井上とは二メートルも離れていなかった。こんな至近距離で最期を見届けるとは、井上の胆力《たんりょく》も半端でなかった。

決行の瞬間は、『勝負あり・猪熊功の光と陰』（井上斌・神山典士著）から引用させていただく。

〈時計は七時三五分を指していた。（中略）。私は猪熊を見つめたまま言葉もなく座っていた。（中略）。私を見て少し微笑んだように見えた次の瞬間、猪熊は「今ならできる！」という低い叫び声とともに机上の脇差しを取り上げ一気に首に突き込んだ。（中略）。

最初の一突きの瞬間、突き刺す位置を確認するために卓上に置いた鏡に、血が数滴飛んだことを鮮明に思い出す。だが、さすがに猪熊の太い首は一突きでは切れなかった。

猪熊は「切れない」と言ってもう一度刀を喉元に突きたてた。

「切れるっ」

私も大声を出した。あれだけ念入りに研いだ刀が切れないはずはないとの思いであった。今度は首の半分くらいまで突き刺せたように見えた。しかしこれでもまだ十分ではない。

「まだまだっ、切れてないっ！」

かねてからの打ち合わせ通り、私は大声で気合いをかけた。

猪熊が合宿中（筆者註＝共同生活）に繰り返し私に、自分が刀を首に突きたてる際、もし躊躇したり力が十分に入っていないと思ったら気合いをかけてくれ。見事に自決することが俺の最後の「勝負」なのだから頼むぞ……と言われていたので、それを実行したのである。

そしてもう一度、猪熊は血まみれの首に刀を突きたてた。

今度は切っ先が項《うなじ》に突き抜けた。これが三週間近く二人で研究した方法であった……〉

だが、切ったのは頸動脈でなく頸静脈だったらしく、絶命しなかった。

「もう一回っ」

井上は叫んだが、猪熊は、

「もういいだろ」

と、卓上に脇差しを戻し、ソファーの背もたれに頭を預けた。

それからの長い時間が、井上にとって地獄の苦しみだった。傷口から血と空気が交互に流れ出し、物音一つしない密室に猪熊のゼーゼーという呼吸音だけが響いた。猪熊の息が止まったのは、五〇分後。時計の針は八時三十分を指していた。井上が臨終《りんじゅう》の時間を記憶しているのは、頗《すこぶ》る冷静だったからであろう。立会人の彼もまた、サムライであった。

それから三〇分後、井上は猪熊の長男・亨に電話をかけた。一瞬絶句したが、「すぐに会社へ向かいます」と気丈に答えたという。この日を予感していたのかもしれない。

猪熊は神永から〝破滅型〟と命名されたが、家族への思いは人一倍強かった。彼は妻と二人の子供たちに、次のような遺書を残した。

〈愛する

睦子様

六十三年間、全てに迷惑を御掛けし、又、この様に最後迄、申し訳けありません。自分の好き放だいの人生の内で貴女との出会いが最高であり、私の全てでした。

墓は横須賀の方えお願いします。

さようなら

猪熊功〉

遺書の文字は荒々しいが、妻を愛おしく思う気持ちからだろう、「貴方」の「方」の字に、太い黒マジックで「女」と上書きしていた（帯写真参照）。

〈亨様

宙様
本当に申し訳ない。
生きて行けない理由がある父親を許して下さい。これからは二人にとっても、針のむしろだと思う。又、昌にも、もう会えない　　猪熊功〉

レスリング選手になった猪熊の孫

猪熊の自殺から一六年が経過した二〇一七年十一月二十七日、わたしは東京都世田谷区にある駒沢オリンピック公園総合運動場の屋内球技場にいた。猪熊の家があった赤堤は、目と鼻の先であった。

日本レスリング協会の公式サイトで、東日本学生レスリング選手権大会（秋季大会）新人戦、フリースタイルBグループ七〇キロ級の出場者に、「猪熊昌」という名前を見つけたからだった。

調べてみると、慶應義塾體育會《たいいくかい》レスリング部の新入部員紹介ページにも彼が出ていた。

〈①名前
猪熊昌（いのくましょう）。クマとかしょうって呼んでください！
②学部・学年
法学部政治学科1年。フレッシュです！

③出身校
攻玉社高校（こうぎょくしゃ、って読みます。笑）。進学校（笑）です。楽しかったです。
④運動経験
中学・剣道。高校・剣道。剣道しかやったことないです。そして球技がしぬほど苦手です。
⑤入部の経緯・理由
人生怠けてきたぼくは体育会で頑張りたいと思ったからです。なにかに本気で打ち込めるのもこれで最後かなって。（中略）。
⑥これからの目標・意気込み等
新人戦での入賞を目指します！　また、いま細くて体重が68kgしかないので（177cm）、74kg目標に増量してます！　高みを目指して常にベストを尽くします！（中略）〉

中・高時代に柔道ではなく剣道一筋だった彼が、一転身体をぶつけ合う格闘技を始めたのは、祖父から受け継いだ遺伝子が騒いだからであろう。

猪熊昌がマットに登場したのは、午後二時すぎ。アナウンスが一切なく、マットのそばから「猪熊！」という声が掛からなければ、その男が昌だとはわからなかった。背が高く、スラリとした体型で、まるでジャニーズのようなイケメンだった。

彼がエントリーしたBグループは、大学からレスリングを始めた選手で、一回戦の相手は、防衛大学校の周布野慎二。昌は相撲取りのように四股《しこ》を二回踏んでマットに上がると、攻めに攻めた。素早く背後に回ったかと思うと、次々力勝負を挑み、一一対〇で圧勝した。

試合を見ながら、現役時代の猪熊を評した神永の言葉を思い出した。

「猪熊は最初から最後まで攻めて攻めまくるブルファイターでした」

準決勝は、東京大学の小原光暁。この試合も楽勝かと思われたが、激戦になった。序盤は昌が背後に回るなどして六対五とリードしたが、中盤に柔道の払い腰のような技で投げられ、六対九と逆転された。しかし、終盤になると、回り込んで押し倒し、再逆転。最後はビデオ判定の末、一四対一三の一点差勝ち。祖父を彷彿させる逆転勝ちであった。

決勝の対戦相手は、国際武道大学の高橋聡之。昌は準決勝で力を使い果たしたのか、防戦一方の展開になり、二対一三で完敗。二位に終わったが、負けっぷりも豪快だった。

二階席では、昌の両親が目を細めて観戦していた。父の亨は首が太く、ひと目見て功の長男とわかった。

「わたしたちがレスリングを勧めたんじゃないんです。昌が自分で決断し、始めたんです」

いうまでもなく、五六年ぶりの東京オリンピックが、二〇二〇年に迫っており、かつての柔道・重量級金メダリストも、孫の颯爽《さっそう》としたデビューを、天国で飛び上がって喜んでいるに相違なかった。

第二章

永遠のライバル 君原健二VS円谷幸吉

東京オリンピックマラソン3位でゴールする円谷幸吉（左）とメキシコオリンピック同2位でゴールする君原健二

I 男の友情

〝秋味〟に込めた思い

二〇一五年十月十八日、わたしは圓谷幸吉《つぶらやこうきち》（東京オリンピック・マラソン銅メダリスト）の墓がある福島県須賀川市の十念寺《じゅうねんじ》に向かった。

前日の十七日、「第三三回円谷（戸籍名は圓谷）幸吉メモリアルマラソン大会」のハーフの部に出場し、完走した君原健二《きみはらけんじ》（メキシコオリンピック・マラソン銀メダリスト）に挨拶し、この日、お墓参りに来るのではないかと思ったからにほかならない。

前年秋から圓谷の取材を始めたわたしは、君原に関する耳寄りな話が気になってしかたなかった。

「君原は義理堅い男で、毎年、メモリアルマラソンに参加した際、必ず圓谷の墓前で手を合わせ、缶ビールを半分飲み、残り半分をお供えしている」

その噂の真偽を確かめたくて、早朝にホテルをチェックアウトしたのだった。

十念寺は、ＪＲ・須賀川駅から南に真っ直ぐ延びる坂道をのぼり、松明《たいまつ》通り商店街を左折した池上町にあった。境内には、松尾芭蕉の句碑が建っていた。

芭蕉が弟子の曾良を従え、十念寺に参詣したのは、元禄二年（一六八九年）四月二十八日。須賀川には親交のあった俳人、相楽等躬《とうきゅう》の家に八日間も滞在し、句会を催した。

〈風流の初《はじめ》やおくの田植うた〉

白河の関を越え、陸奥に足を踏み入れると、歌いながら田植をするという趣のある光景に出くわした。陸奥の第一歩は、旅に出て最初の風流な味わいであることよ、という意味である。

須賀川市の主たる産業は、昔も今も農業。圓谷家も例外でなく、一町歩の田圃《たんぼ》と、それ以上の畑を有し、自給自足も可能な農家であった。

幸吉の四歳上の兄・幸造（五男。83）が、笑みを浮かべて語る。

「穀物、野菜、果物なら、何でもありましたよ。なかったのは、蜜柑とバナナぐらいでしょうか」

家畜も、牛、馬、山羊、にわとりなどを飼っており、七人きょうだいの末っ子である幸吉は、山羊の乳搾りが日課であった。

三百年以上前の芭蕉の句を堪能し、目と鼻の先にある幸吉の墓に足を運ぶと、愕然とした。君原が来る前にお参りをすませようと思ったのだが、「故二等陸尉・圓谷幸吉之墓」と彫られた黒御影石《くろみかげいし》の傍らに、〝秋味〟という缶ビール（350cc）が供えられていた。

残念なことに、君原とは行き違いになったようだった。

恐る恐る腕を伸ばし、〝秋味〟を手に取ると、確かにビールは半分くらい残っていた。やはり、噂は本当だったのである。指先から伝わる重々しい感触に、わたしは言い知れぬ感動を覚えた。

君原の取材が実現し、長年の疑問が解けたのは、それから一年半後の二〇一七年春。場所は彼の生まれ故郷である福岡県北九州市であった。

待ち合わせ場所のJR・鹿児島本線「黒崎駅」に降り立つと、日本の高度成長を支えた八幡製鉄の工場が目と鼻の先とあって、巨大な煙突が連なり、白煙がもくもくと立ち上っていた。

「私と圓谷さんは同学年。良きライバルであったと同時に、無二《むに》の親友でもありました。彼が自ら命を絶ってから五〇年になりますが、毎年お墓参りをさせていただいています。ビールをお供えするようになったのは、東京オリンピックの二カ月前、札幌で行われた一万メートルの記録会で、二人とも日本記録を更新し、ビールで祝杯を挙げたたからなんです。円山公園競技場の外にある茶店で、『こんなうまいビールはない。人生、最高のビールだ』と言ってね。そのときの感激が今も忘れられないんですよ……」

平成三十一年三月二十日に誕生日を迎えた君原は、七十八歳になった。酸いも甘いも噛《か》み分けた男の人生は、まさに〝秋味〟と呼ぶにふさわしかった。

君原と圓谷の〝ライバル物語〟は、死闘を演じた男同士にしか持てない〝友情物語〟だったのである。

予選落ちから始まった二人

君原と圓谷の人生が初めてクロスしたのは、高校三年夏（一九五八年）のインターハイ。場所は山口県下関市の市営陸上競技場であった。

エントリーしたレースは、君原が一五〇〇メートルに対し、圓谷は五〇〇〇メートル。二人とも初めて経験した晴れの全国大会だったが、共に予選落ちの屈辱《くつじょく》を味わった。

君原が苦笑する。

「順位さえ覚えていませんが、インターハイの参加章だけは、大切に保存してあります。高校時代（戸畑中央高校、現・ひびき高校）に陸上選手だったという誇りと喜びを示す証しですから」

彼は自著『人生ランナーの条件』の中で、インターハイ出場が決まったときの複雑な気持ちを明かしている。

〈試合が近づくと、母が私に元気が出るようにと気遣ってくれたのだろう、食事の際に私にだけ特別、卵やら肉やらを皿に添えた。正直なところ、私はあまりいい気持ちはしなった。当時、両親は雑貨店を経営していた。店の切り盛りに忙しく、我が家の生活もゆとりあるものではなかったはずだ。私もしょっちゅう、チリ紙や石鹸を自転車で配達した。ほかのきょうだいも同様である。そんな中で、インターハイに出るからといって私だけが栄養のある特別な食事をすることは、平等であるべききょうだいの中で、おかしなことだと思ったのである〉

君原は曲がったことが嫌いな、真っすぐな高校生だったのである。

一方、圓谷の予選落ちは、のちの人生を暗示《あんじ》するかのようなレースだった。

五〇〇〇メートルの予選第二組がスタートしたのは、八月八日午後六時二十分。圓谷は遠い福島県須賀川市から夜行列車に揺られて下関にやってきただけに、気合いが入っていた。ピストルが鳴ると同時に飛び出し、一周目の四〇〇メートルをトップで通過した。

「先頭はゼッケンナンバー986番。圓谷幸吉君。須賀川高校。福島」

自分の名前をアナウンスされ、気を良くした圓谷は、さらに飛ばしに飛ばした。二周目もトップで通過したとき、アナウンスの間違いに気づいた。高校名を「すかがわ」ではなく「すがかわ」と発音しており、落胆《らくたん》したのである。

ところが、三周目に入ると、誰かが間違いを指摘したのだろう、「すかがわ」と正確なアナウンスに変わった。気を取り直したのはいうまでもない。

再びペースを上げた圓谷だったが、思わぬアクシデントに見舞われる。五周目に入り、二〇〇〇メートルの手前で、後続ランナーに左足をスパイクされたのである。

失速を余儀《よぎ》なくされた圓谷は、思い切って左足のスパイクを脱ぎ捨てたが、左右のバランスが悪くなり、後続ランナーに次々抜かれた。最後の手段として、履いていた右足のスパイクも脱ぎ捨てたが、スピードは取り戻せず、結局、一七位でゴール。後ろには、たった一人のランナーしか残っていなかった。

普通のランナーなら、惨敗《ざんぱい》で落ち込むところだが、圓谷の顔には笑みがあった。時計を見ると、一六分二八秒〇。自己記録だったからである。

二十七歳という若さで自殺しただけに、陰気な性格と思われがちだが、生来の明るさを持った男だったのである。

毎年行われる「円谷幸吉メモリアルマラソン」のパンフレットに、君原は〈選手の皆さんに贈ることば〉として、こんなエールを送っている。

〈高校三年生の時、インターハイに出場しました。円谷さんは五千メートル、私は千五百メートルに出場し共に予選落ちでした。それから六年後の東京オリンピックのマラソンで一緒に出場しました。現在、インターハイで予選落ちするレベルの選手も、２０２０年東京オリンピックに、出場出来る可能性は十分あります。是非、東京オリンピック目指して頑張っていただき

たいと思います〉

友情が芽生えたニュージーランド合宿

東京オリンピック開催一年前の一九六三年七月二十三日、君原や圓谷らを乗せたカンタス航空機が羽田空港を飛び立った。

オーストラリアのシドニーで六〇人乗りのプロペラ機に乗り換え、ニュージーランドの首都・ウェリントンを経由し、オークランドに着いた。

当地で合宿を張る日本人一行は一一人。監督は君原の師匠である高橋進（八幡製鉄）。コーチは西田勝雄（ヘルシンキオリンピック・マラソン日本代表）。マラソン組が君原のほか、寺澤徹《とおる》（倉敷レイヨン）、中尾隆行（東急）、大谷治男（同）、渡辺和己（九州電工）、佐藤寿一（福岡大学）、重松森雄（同）。トラック組が圓谷と船井照夫（東急）だった。

君原が述懐《じゅっかい》する。

「圓谷さんとは、インターハイから三年後、秋田国体の五〇〇〇メートル決勝で直接対決しました。結果は圓谷さんが二位、私が三位でした。そのとき、二人とも下関市のインターハイに出場していたことがわかり、いっぺんで仲良しになりました。お互いに意識するようになり、ライバル関係に発展するのは、このニュージーランド合宿がきっかけでした」

長距離選手の精鋭が一堂に会したオークランドは、ニュージーランド最大の都市。緑の丘陵地帯が連なる美しい町だった。

宿舎であるステーションホテルの部屋からは、窓を開け放つと、駅前広場に咲き乱れる赤いカンナが目に飛び込んできた。カンナの花言葉は「情熱」。まさに若き長距離ランナー、君原と圓谷にふさわしかった。

君原が笑顔で思い出す。

「毎朝、ノックされ、部屋の外に出ると、紅茶とクッキーが用意されていました。それが、すごくオシャレでした。そして、朝食はオートミール、コーンフレーク、パン、卵、コーヒー。まるで絵に描いたようなブレックファーストで、すっかり感動してしまい、しばらくニュージーランドかぶれになりました」

好奇心が強い君原は、新しい発見をすると、それだけで感激してしまうのだった。

一方の圓谷は、練習環境の素晴らしさに感動し、自衛隊体育学校のコーチである畠野洋夫《はたのひろお》にエアメール（一九六三年十月十二日の消印）を送った。

便箋《びんせん》の二枚目には、「君原」の名前も登場する。

〈来る（8月）3日に当地の近くの公園にて6mileクロスカントリー（筆者注＝約一〇キロ）が行われますが、これには佐藤選手（福岡大）と君原選手の二人だけ参加致します。私は膝の

故障等もありましたので、出場致しません〉

圓谷は君原の練習量に舌を巻き、帰国後、コーチの畠野に興奮気味に話している。

「二時間のトラック練習と野外走のあと、私と三〇分のトラック練習をするんですが、それで終わらず、また一時間半も走るんです。私が『上がります』と挨拶すると、『これからもう少し練習します』と言い残し、また野外に走って行きました」

この話を君原に向けてみたが、シャイな彼らしく、黙って首を振るだけだった。

だが、練習は嘘《うそ》をつかない。君原は九月七日に行われたマラソンのタイムトライアルに参加し、二時間一九分台を記録し、合宿の成果を示している。

それだけではない。帰国後も好調を持続し、十月十五日に開かれたプレオリンピックを兼ねた朝日国際マラソンでは、二時間二〇分二五秒二で走り、ジェフリー・ジュリアン（ニュージーランドの第一人者）に次ぐ二位でゴールし、東京オリンピックの有力なメダル候補に躍り出るのである。

特筆すべきは、国立競技場に戻り、残り一五〇メートルでオーレル・バンデンドリッシュ（ベルギー。同年四月のボストンマラソン覇者）を抜き去ったことだ。

このレースを契機《けいき》にし、終盤にめっぽう強いと評され、「根性の男」と呼ばれるようになるのである。

しかしながら、ニュージーランド合宿で最も成長したランナーは圓谷だったかもしれない。オークランドに来て、ちょうど一カ月が経過した八月二十四日。郊外のラブロックスタジアムで二万メートルの記録会が開かれた。

この記録会は、先行逃げ切り型の圓谷にしては珍しく、スロースタート。一二選手のしんがりに位置し、ほかの選手の様子を窺《うかが》った。一〇〇〇メートル過ぎでようやく一人を抜き、一一位。それから徐々に順位を上げ、五〇〇〇メートルでは六位に上がった。

一万メートルを過ぎると、トップ集団は優勝候補のベイリー（ニュージーランド）、パケット（同）、渡辺和己、圓谷の四人。一万五〇〇〇メートルで圓谷がスパートをかけると、すぐにベイリーが追いつき、二人の一騎打ちになった。

仰天《ぎょうてん》したのは、圓谷のラップタイムを計測していた高橋監督と西田コーチである。

「圓谷！　世界新記録が出るぞ！」

二人が大声を出すと、圓谷は最後の力を振り絞り、ベイリーを追った。結果は二位だったが、二万メートルの記録は五九分五一秒四。〝人間機関車〟と呼ばれたエミール・ザトペック（チェコスロバキア）の持つ世界記録を打ち破ったのである。

君原は圓谷の快走を目の当たりにし、ショックを隠せなかったという。

「それまで、二万メートルの日本記録保持者は、ほかならぬ私だったんです」

このニュースは、APやロイターによって世界に打電され、日本中を歓喜させた。日本人選手が陸上の長距離で世界記録を出したのは初めての快挙だったからである。

それから一カ月後、ニュージーランド合宿を終え、帰国の途に就いた君原と圓谷は、トランジット先の香港で、仲良くダイヤモンドの指輪を買い求めている。

君原が笑顔で思い出す。

「私が買ったのは〇・三カラットか〇・四カラットの小さなダイヤ。母へのお土産でした。圓谷さんのほうは、うれしそうな顔で大きなダイヤを買いましたので、恋人へのプレゼントかなあと思い、正直いって嫉妬《しっと》したのを覚えています」

II　最強トリオ誕生

〝第三の男〟寺澤が語る君原と圓谷

東京オリンピックのマラソン出場選手三人を決める運命の日がやってきた。

一九六四年四月十二日、第一九回毎日マラソンは、東京の国立競技場をスタートし、甲州街道を西に走り、飛田給《とびたきゅう》（調布市）を折り返す四二・一九五キロ。半年後に迫った本番と同じコースで行われるとあって、沿道は黒山の人だかりだった。

スタート一五分前に発表された天気は、気温一五・五度、湿度七〇パーセント、北北東の風〇・八メートル。湿度が高いが、マラソン日和といってよかった。

出場選手は七五人。注目の日本人ランナーは、フルマラソン一三回目のベテラン・寺澤徹（倉敷レイヨン）。同五回目の進境《しんきょう》著しい君原健二（八幡製鉄）。同二回目の新星・圓谷幸吉（自衛隊体育学校）であった。

午後零時、スターターのピストルが鳴ると、大方の予想を裏切り、後半型の寺澤がトップを奪い、国立競技場のゲートを出て行った。その寺澤をぴたりとマークするかのように、圓谷がつづく。君原はあえて後方に下がり、自らの体調をチェックした。

レースは、大穴ともいうべき西浜勝（自衛隊・第一空挺団）が抜け出したが、二〇キロまで極端なスローペース。たまらず仕掛けたのが寺澤である。二五キロ過ぎ、ペースを一気に上げると、先頭集団は雪崩《なだれ》を打った。

寺澤は君原や圓谷より五歳年上だったが（現・84）、兵庫県西宮市の自宅を訪ねると、すこぶる元気だった。

「このレースは、東京オリンピックの出場選手を決めるレースでしたが、私に限っては気楽でした。というのも、その二カ月前（二月二日）の別府大分毎日マラソンで優勝していましたから、三位以内に入れば当確だろうと思っていたんです」

余裕のある寺澤が三五キロすぎにあえて減速すると、いつのまにか先頭集団に加わっていた君原がスパートをかけた。

寺澤は君原の力強いフォームを見て、わが目を疑った。

「君原は前年十月の朝日国際マラソンで激走し、腰を痛めていたはずですから、驚きました。彼とは三〇回以上同じレースを走りましたが、負けず嫌いで、後半の粘りには定評がありました。その象徴が、首を左右に振る独特のフォームでした」

慎重《しんちょう》の上にも慎重を期す君原は、自分の体調を確認し、三五キロを待って自らゴーサインを出したのだった。

余談だが、寺澤、君原、圓谷は、のちに合宿で何度も相部屋になり、肝胆相照《かんたんあいて》らす仲になっていく。

「君原は大の読書好きで、夜遅くまで蛍光灯をつけて難しそうな本を読んでいました。一方、圓谷のほうは気取らない性格で、ヌード写真が満載の雑誌を興味深そうに眺めていました」（寺澤）

東京オリンピック出場がかかった毎日マラソンの結果は、君原、圓谷、寺澤のワン、ツー、スリー。レース後、東京オリンピックのマラソン代表選手を決める選考会議が開かれ、最初に君原と寺澤が決まり、圓谷が三人目に滑り込んだ。

寺澤が打ち明ける。

「総監督の織田幹雄《おだみきお》さん（日本人初の金メダリスト＝一九二八年アムステルダムオリンピック・三段跳び）が、圓谷のスピードを評価し、強く推したんです」

粘りが身上の君原。キャリア豊富な寺澤。スピードが武器の圓谷。三者三様の個性は、日本マラソン史上の最強トリオといってよかった。

この日、織田は自宅で記者に囲まれ、ご機嫌《きげん》でしこたま酒を飲んだ。

〈「きょうは気分がいいぞ……。佐渡おけさでも歌うか」
……東京・渋谷の自宅で、調子外れの織田流佐渡おけさが流れた〉（『孤高のランナー・円谷幸吉物語』青山一郎著）

織田は佐渡おけさの歌詞になぞらえ、「佐渡へ（東京へ）、佐渡へ（東京へ）と、草木（メダル）もなびくよ」という心境だったのである。

札幌合宿の日々

君原には地元の北九州市で何度も取材する機会に恵まれたが、あるとき、一枚の紙を持参《じさん》した。「オリンピック二カ月前札幌合宿」と記されたスケジュール表だった。

そこには、東京オリンピックのマラソンまであと何日かに始まり、月日、練習メニュー、トータルの距離、朝練の距離などが詳しく記されていた。

朝練の距離が長いのが、君原のトレーニングの特徴といってよかった。

〈あと六七日。八月十六日。五〇〇〇メートル×三（一五分二一秒、一五分一八秒、一五分二一秒）。延べ距離三五キロ、朝練一五キロ〉

〈あと六六日。同十七日。ジョッグ。同二二キロ。同一四キロ〉

〈あと六五日。同十八日。ロード二五Ｋ（キロ）。同三二キロ。同一五キロ〉

〈あと六四日。同十九日。三〇〇〇メートル、八分四九秒。同一四キロ。同一〇キロ〉

〈あと六三日。同二十日。記録会の一万メートル、二九分四六秒。同二〇キロ、同八キロ〉

同日、ライバルの圓谷も一万メートルを走り、二九分一二秒と書き添えられていた。

〈あと六二日。同二十一日。ジョッグ。同一五キロ。同一五キロ〉

〈あと六一日。同二十二日。ジョッグ。同九キロ、同八キロ〉

この日は珍しく距離が少ないと思ったら、翌日は北海タイムスマラソンの開催日だった。

この北海タイムスマラソンも、一位から三位までを三強が独占している。

君原　二時間一七分一二秒（大会新）
圓谷　二時間一九分五〇秒
寺澤　二時間二〇分三五秒

このレース前、君原は「四年前のローマオリンピックで優勝したアベベ・ビギラ（エチオピア）さんのペースで走ってみせる」と、堂々宣言。二〇キロまでを五キロ一五分台のペースで刻み、関係者を驚かせている。レースは君原の独走であった。

四日後の八月二十七日、寺澤は札幌を離れたが、君原と圓谷は再び一万メートルの記録会に臨み、揃って日本新記録を打ち立てることになる。

スタート時刻は午後三時。場所は札幌の円山競技場。スタートと同時にトップに躍り出たのは、意外なことに君原。ライバルの圓谷が二番手につけ、若手のホープ・土谷和夫（日大。箱根駅伝一〇区で二年連続区間賞。のち八幡製鉄）らがつづいた。

君原が打ち明ける。

「実は後輩の土谷に標準記録（二九分二五秒）を突破させたくて、ペースメーカーの気分で走ったんです。だから、スパイクじゃなく、足に負担の少ないアップシューズを履《は》いていました。不思議なことに、それが幸いし、軽やかに走れたんです」

君原の五〇〇〇メートル通過タイムは、一四分三一秒八。一キロ二分五四秒のハイペースである。その記録を確認し、圓谷もエンジンを全開。六〇〇〇メートル付近で君原をとらえ、トップに立つ。圓谷は一万メートルのオリンピック出場権をすでに得ており、記録狙いに出たのだった。

圓谷の八〇〇〇メートル通過タイムは、日本記録より速く、スタンドが騒然《そうぜん》とする。

君原が振り返る。

「マラソンでは負けませんでしたが、トラックのスピードは圓谷さんにかないませんでした」

七月中旬、長野県松本市で合宿した際、君原は戸畑中央高校時代の恩師・田中敬美教諭に、圓谷のことを手紙に書き添えている。

〈圓谷選手も当地で合宿しています。彼が走りはじめると、広い競技場も「狭くてかなわん」といいたげです。彼のいだてんぶりは私にも良い刺激です〉

前出の寺澤によると、圓谷は夏の暑さにめっぽう強かったという。

「松本市で合宿したときでした。盆地特有の風がない日で、気温は三五度以上。三五キロのロードレースをしたんですが、わたしは暑さに耐えかね、道路脇の鯉か何かが泳いでいる養魚池にザブンと飛び込んだんです。それを見て、君原も、ザブン。ところが、圓谷だけは涼しい顔で走っていきました。彼は畠野コーチのアイデアで宮路《みやじ》道雄と南三男の二人を練習パートナーにつけ、猛練習していましたから、苦しくなってからも勝負できるランナーでした」

日本一の美酒

当時、自衛隊体育学校特別体育課程に在籍していた宮路（一九六三年の中日名古屋マラソン三位）が、当時の練習を語る。

「圓《えん》ちゃん（圓谷の愛称）が五〇キロ走をやるときは、わたしと南が二五キロずつ。圓ちゃんの二、三メートル手前を、背後の足音を聞きながら走りました。圓ちゃんは走れば走るほど力が湧いてくるタイプでしたから、必死でした。我々の仕事は、東京オリンピックのマラソンが行われる十月二十一日まで、三カ月間つづきました」

札幌の円山競技場は、圓谷と君原の一騎打ちになっていた。君原は首を左右に振りつつ、一○メートル先の圓谷を懸命に追ったが、スプリント能力では及ばなかった。

この日、圓谷は珍しく笑顔を見せながら走っていた。当時、日本記録を連発する圓谷には婚約者がいて、記録会の数日前に自衛隊体育学校の畠野洋夫教官に紹介していた。彼女は小柄だが、目鼻立ちが整っており、頗《すこぶ》る付きの美人であった。

先述したように、ニュージーランド合宿を終え、トランジット先の香港で、圓谷がダイヤモンドの指輪を買ってプレゼントした相手こそ、彼女だったのである。

圓谷が走りながら笑顔を浮かべたのは、もしかすると、スタンドに婚約者の姿を見つけたのかもしれない。

圓谷も君原も鮮やかなラストスパートを見せ、仲良く日本新記録を樹立した。

〈圓谷　二八分五二秒六
君原　二九分一秒一〉

三位に入った土谷も、君原のアシストのおかげで二九分二三秒二で、標準記録を突破した。

君原の友情と圓谷の恋が相乗効果になり、日本記録が生まれたのである。

君原が懐かしそうに語る。

「競技場を出ると、目の前に茶店があったので、圓谷さんとビールで乾杯しました。日本新記録達成直後ですから、まさしく日本一の美酒《びしゅ》です。当時は缶ビールがなく、瓶ビールも中瓶、小瓶がありませんでしたから、大瓶でした。たぶん銘柄はサッポロだったと思います（笑）」

前述したように、圓谷の墓前に缶ビールを供えるようになったのは、このときの感激が忘れられないからだった。

わたしが圓谷の菩提寺《ぼだいじ》で初めて見たときの銘柄は「秋味」だったが、ここ数年は「サッポロ黒ラベル」に変わっている。義理堅い君原らしく、二人の思い出の地ともいうべき〝サッポロ〟ならぬ〝札幌〟に、敬意を表しているのかもしれない。

III 東京オリンピックの明暗

君原と寺澤のプレッシャー

一九六四年十月十日、第一八回オリンピック東京大会の開会式が行われ、競技が一斉に火蓋を切ると、マラソン代表の君原健二は練習の合間を縫って会場行脚を始めた。

「いまから考えると、精神的に未熟な部分があったのかもしれません。選手のＩＤカードがあれば、どの会場もフリーパスとあって、ホッケー、バレーボール、水泳、体操などの会場へ出かけ、オリンピックを謳歌《おうか》しました」

心配した君原のコーチ・高橋進は、圓谷のコーチ・畠野洋夫と、寺澤のコーチ・村社講平《むらこそこうへい》に相談し、代々木の選手村から神奈川県逗子市にある八幡製鉄の保養所へ移ることを決めた。

圓谷が一万メートルで六位に入賞し、日本中を沸かせた翌日の十月十五日のことである。

日本人選手の一万メートル入賞は、奇しくも寺澤のコーチである村社がベルリンオリンピックで四位に入賞して以来、二八年ぶり。長距離走に限れば、戦後初の快挙だった。

君原の会場行脚は、逗子に移ってからもつづいた。電車で二時間もかけて東京へ行き、夜遅く帰ってきたのである。

結局、十月十七日には君原と寺澤が代々木の選手村に戻った。

寺澤が強調する。

「圓谷は一万メートルで入賞をはたし、肩の荷を下ろしたことで、リラックスしてマラソンに向けて調整ができました。反対に、一万メートルに出場しなかった私と君原は、日を重ねるごとにプレッシャーが大きくなっていきました」

静かな逗子にいると、かえって不安になり、賑《にぎ》やかな選手村に帰り、気分転換を図ったのである。

一方、圓谷陣営はマイペースだった。マラソン前夜の十月二十日、圓谷が布団に入ると、畠野、宮路、そして南の三人は、翌日の準備に取りかかった。いまでいうスペシャルドリンクの作成である。

宮路が明かす。

「レモン、はちみつ、ハイC（ビタミンC製剤）をお湯で溶かし、マヨネーズの空きチューブに流し込みました」

チューブは全部で六つ。一五キロから五キロごとの給水ポイントに置く予定でいた。遠くからも目立つように、穴を開けた二個のピンポン球に針金を通し、それをチューブにくくりつけ、畠野が赤ペンで「77」と記し、スペシャルドリンクは完成した。

「77」は圓谷のゼッケンナンバー。君原は「75」、寺澤は「76」であった。

振り向かなかった圓谷

夜が明け、圓谷、君原、寺澤の〝いちばん長い日〟が始まる。彼らのマラソン人生は、一九六四年十月二十一日のためにあったといっても過言ではない。

圓谷は午前六時半に目を覚ました。いつもどおり、寝間着《ねまき》をきれいに畳み、ジャージーに着替え、部屋を出た。就寝前も、起床後も、身につけていたものをパンパンと広げて皺《しわ》をなくし、四つに折り畳むのが圓谷の日課だった。

午前九時半、圓谷一行は保養所を出て、逗子駅から横須賀線に乗り、東京に向かった。大船駅で、圓谷はバッグから飲食物を取り出した。

宮路が説明する。

「マラソンのスタート時刻が午後一時でしたから、三時間前の午前十時ごろに軽食をとる必要がありました。圓ちゃんは牛乳を飲みながら寮母《りょうぼ》さんがつくってくれたサンドイッチをぱくつきました」

その頃、君原と寺澤は代々木の選手村から選手送迎バスに乗り、国立競技場に向かっていた。圓谷が二人と合流したのは、国立競技場のサブトラック。レース直前、圓谷と君原の様子は正反対だった。ジョギングでたっぷり汗を流した圓谷は、ゴロンと横になり、平常心を保っていたが、君原はバッグからシューズを出したり、しまったりという動作を繰り返していた。

それを見たコーチの高橋進は、

「君原のことは、あまり期待しないでください」

と強化委員長の織田幹雄に告げたほどだった。

君原が首を傾げる。

「自分では落ちついているつもりだったんですが、人から見ると、平常心からほど遠く、冷静さを欠いていたかもしれません」

定刻の午後一時、七万五〇〇〇人の大観衆が詰めかけた国立競技場に、スタートを告げる号砲が鳴り響いた。当日の天気は薄曇《うすぐも》り。気温一八・〇度。湿度八〇パーセント。気温はさておき、湿度の高さが選手たちを苦しめることになる。

三五カ国、六八人の精鋭《せいえい》が集ったマラソンは、かつてない高速レースになった。国立競技場のゲートを最初に出ていったのは、ベン・ブーバケル（チュニジア）。つづいてジェフリー・ジュリアン（ニュージーランド）、ロン・クラーク（オーストラリア）。日本選手では、寺澤がいちばん早く、八番目。圓谷は真ん中あたり。君原は後方待機の作戦を選択した。

寺澤がレース前を回想する。

「わたしの仕上がりは上々で、いけると確信しました。うまくいけば三位以内。悪くても六位入賞はできると思ってスタートしました」

前年の別府大分毎日マラソンで世界記録（二時間一五分一五秒八）を出して以来、好調を維持し、十分な手応えを感じていたのである。

先頭集団が明治通りから甲州街道に入ると、クラークが抜け出し、予想を上回るハイペースになった。

後半型の寺澤は、逸《はや》る気持ちを抑え、自分のペースで走った。

五キロ地点の初台《はつだい》通過は、トップのクラークが一五分六秒。寺澤が一五分三八秒（三二位）。

「それまでのレースは、最初の五キロを決まって一六分強で走りましたから、ハイペースでしたが、きつさは感じず、まだいけると思っていました」

圓谷は一五分三一秒（一八位）。君原は一五分三六秒（三一位）。寺澤の少し前を走っていた。

先頭集団は、追い上げ急のアベベが七キロ地点でクラークをとらえ、トップに立ち、レースの高速化に拍車がかかる。

一〇キロ地点、アベベの桜上水通過は、三〇分一四秒。圓谷は三一分〇七秒（一三位）。君原は三一分二二秒（一九位）。寺澤は三一分三八秒（二四位）。三人はすでに先頭集団と三〇〇メートル以上も離され、苦戦を強《し》いられていた。

だが、一五キロ地点では、それぞれ順位を上げた。圓谷は一〇位、君原は一四位、寺澤は二〇位。三人がスピードアップしたというより、先行した選手が落ちてきたといったほうが正確かもしれない。

三人の中では圓谷が好調だった。体が軽く感じた圓谷は、ここからギアを上げ、先行するランナーを次々抜き去った。二〇キロまでの五キロを一四分五五秒というタイムで走り、四位に上がった。

国立競技場の電光掲示板に二〇キロを通過したランナーの名前が出て、圓谷が四番目に登場すると、場内は大きくどよめいた。

三〇キロすぎ、前半の飛ばしすぎがたたって失速したクラークを、ついに圓谷がとらえ、三位に上がる。そして、三六キロ地点、前を行くホーガン（アイルランド）が歩き始めたかと思うと、道端にへたり込み、圓谷は二位に上がった。

圓谷はそのままの順位を保ち、国立競技場のマラソンゲートをくぐった。

「ただいま入ってまいりましたのは、日本の圓谷幸吉選手であります」

場内アナウンスが流れると、七万五〇〇〇人の大観衆は総立ちになり、声援と歓声がこだました（P59の写真参照）。

うしろを振り向かない圓谷は知らなかったが、すぐ背後に赤ら顔の大男が迫っていた。イギリスのベイジル・ヒートリーであった。

三者三様の苦悩

バックスタンドには、圓谷の父・幸七がいた。幸七はブリキで作った特製の三段式メガホンを両手に持ち、口に当てて叫んだ。

「幸吉、はよう来う（来い）」

当時六十五歳だった幸七は、二十一歳のとき、徴兵検査で甲種《こうしゅ》合格し、会津若松の陸軍第二師団六五連隊に入営。連隊一の銃剣術の達人として名前を馳《は》せていた。

圓谷が第三コーナーにさしかかり、ゴールまで残り二〇〇メートルになったとき、背後に迫ったヒートリーが猛然とスパートした。

「幸吉、抜かれるでねえ」

幸七は再びブリキのメガホンで叫んだが、あっという間に抜かれてしまった。このとき、幸吉は一度も後ろを見なかった。

振り向かないのは、のちに幸七の教えだったと喧伝されたが、親友の宮路によると、いささか事情が違う。

「圓ちゃんが小学校四年生のときでした。運動会でうしろを振り向き、転んだことがあるんです。その際、お父さんにきつく叱《しか》られたらしく、以来、どんなレースでもうしろを振り向かなくなったんです」

ヒートリーに抜かれ、三秒差の三位でゴールした圓谷は、足もとがよろけ、フィールドに倒れ込んだ。君原は八位、寺澤は一五位でゴールした。

レース後、君原が重い足取りで控え室に入ると、ベッドに横たわった選手が視界に入った。

「見ると、圓谷さんでした。悲しげで、さみしそうで、もしかして棄権したのかな、とドキリとしました。ですから、すぐには声を掛けられませんでした」

君原は正直な男だった。当時の心境を、わたしにこう話している。

「圓谷さんが三位で銅メダル獲得したと聞き、複雑な気持ちになりました。心からの賞賛と抑えがたい羨望《せんぼう》が交錯したんです」

報道陣には、こんなコメントを発した。

「万全を期して出場したにもかかわらず、己に腹が立ちます。精神的な不安から脱せなかったことが原因のようです」

君原は半世紀以上を経たいまも、つらそうだった。

「心、技、体のうち、心の部分が成績に影響したのだと思います……」

オリンピック翌日から、君原の苦悩の日々が始まる。一週間後、所属の八幡製鉄陸上部に退部届を提出。再びシューズを履き、マラソンを走るまで、一年半の長い歳月を要した。

寺澤のレース後の談話も、ショックを隠せなかった。

「後半二五キロすぎから足が急に重くなった。これからは長い距離をこなすだけでなく、変化に富んだスピードを身につけることが必要です」

寺澤は君原と真逆で、悔しさのあまり一カ月半後の朝日国際マラソンにエントリー。東京オリンピックより一〇分近くも速い二時間一四分四八秒二でゴールし、優勝した。

寺澤に取材した際、東京オリンピックと朝日国際の五キロごとのスプリットタイムを記した手書きの紙を見せてくれた。オリンピックとの違いは、後半の二五キロから四〇キロまで、五キロのスプリットタイムがすべて一五分台だったことだ。

「なぜ東京オリンピックは後半に失速し、負けたのか。原因は何なのか。いまも、わからないんです。人は有形無形《ゆうけいむけい》のプレッシャーではないですかと言ってくれるのですが、そうじゃない。体調面もベストでした。思い当たることが何一つないがゆえに、余計に納得いかないんです」

容易に出ない答えを追い求め、寺澤が半世紀以上も考えつづけたところに、オリンピックの持つとてつもない大きさと重さを感じないわけにはいかなかった。

IV 結婚と破談

君原を救った監督と文通相手

東京オリンピックで屈辱《くつじょく》の八位に終わった君原健二は、北九州市に帰って五日後、八幡製鉄陸上競技部に退部届を提出した。

「身も心も疲れ切った感じでした。マラソンに対する情熱が失《う》せ、四年後のメキシコをめざそうという気持ちにはなれませんでした」

自著『人生ランナーの条件』で、君原は圓谷のことにもふれている。

〈下馬評でも、私は日本選手の中ではいちばんの活躍を期待されていたようだった。東京オリンピックでの私のタイムは、自己記録に三分半及ばぬものだった。一方、圓谷選手は、自己記録を一分以上更新した結果、三位に入賞した。（中略）。レース前には日本代表のうちで第一人者とも目されていた私が八番で、圓谷選手が三番。要するに、私は彼に大きく引き離されたわけだ〉

退部届を出した君原は、レースにエントリーしなくなったばかりか、走ることさえやめてしまった。

そんな彼に救いの手を差し伸べたのが、退部届を〝預かり〟にした八幡製鉄の高橋進監督である。

高橋はかつて三〇〇〇メートル障害の選手として鳴らし、一九四七年から日本選手権を九連覇。指導者に転じてからは、君原から中山竹通《たけゆき》（ソウル、バルセロナの両オリンピックで四位）まで、数多くの長距離ランナーを育てた。量より質を重んじる科学的トレーニングの先駆者であった。

「高橋さんは、小さな目標を次々与えてくれました。それを一つ一つやり遂げるうちに、気がついたら高橋さんの術中にはまっていたんです」

高地トレーニングも、その一つだった。メキシコオリンピックのマラソンコースは、酸素が平地の七五パーセントしかない二二四〇メートルの高地で行われる。そのため、選手を派遣し、身体にどんな影響があるかを調べることになり、高橋は君原を推薦したのである。

はっきりいえば、選手たちはモルモットであったが、君原はその役目をあえて引き受けた。

「メキシコを観光してみたい」

好奇心旺盛《おうせい》な君原らしかった。

メキシコに派遣された君原は、五〇〇〇メートルを一五分九秒の好タイムで走り、高地に強いことをアピールすると、さっそく遺跡巡《いせきめぐ》りに出かけている。

しかし、高地でも気持ちよく走れたことで、君原はレースに前向きになっていく。帰国後、岐阜国体の三五キロロードレースに参加し、三位。走る気力を取り戻すと、別府大分毎日マラソン（一九六六年二月十三日）にエントリー。東京オリンピックから一年半ぶりのマラソンだったが、二時間一五分二八秒という自己記録で三位に入り、憧れのボストンマラソンの出場権を得るのである。

彼が完全復活をはたした背景には、一人の女性（現・和子夫人）の存在があった。

君原が照《て》れくさそうにいう。

「佐賀県唐津市に住む女性で、二歳年下でした。彼女の叔父が同じ八幡製鉄で働いていた関係で、親近感を持ってくれたんです」

君原が西日本スポーツ賞（一九六三年）を受けたときの新聞を読んで手紙を書いたことが交際のきっかけになった。律儀な君原は、もらった手紙には必ず返事を書くが、彼女は特別な存在であったらしい。

初デートは東京オリンピックから半年後の一九六五年三月二十日。君原の二十四歳の誕生日だった。そのとき、彼は東京オリンピックの開会式で着た赤いブレザー姿で行き、彼女を驚かせている。

結婚するまで重ねたデートは六、七回。君原らしいのは、レストランに入ると、いつも好物のカレーライスを注文したこと。元々大食漢《たいしょくかん》なうえに、カレーさえあればいくらでもご飯を食べられるとあって、おかわりを注文し、彼女の目を白黒させている。

結婚前提の付き合いであることを君原から聞き、一肌脱いだのが、コーチの高橋であった。〈高橋は自分から仲人役を買って出た。だが、二人の結婚の話はなかなかまとまらなかった。君原の両親は、メキシコオリンピックが終わるまで結婚はさせたくないといい、また和子の母親は、年齢的に早すぎるといって反対した。高橋は双方の親と何度も会って、説得をくり返し、年が明けた一月の終わりにやっと話をまとめた〉（浜上潮児著『ぼくはなぜ走るのだろう』）

君原によると、華燭《かしょく》の典《てん》を三月三日のひな祭りにしたのは、女性に敬意を表したからだという。場所は北九州市にある八幡製鉄の守護神ともいうべき高見神社。君原は結婚式当日も、朝早く起き、二〇キロ近く走った。ボストンマラソンが一カ月後に迫っていたからにほかならない。

おしどり夫婦になる二人は、のちにユニークなスローガンを社宅の壁に張り、客人の度肝を抜いている。
○お客は夜十時までに追い返そう

○結婚記念日には小旅行をしよう
○二週間に一回は二人でハイキングに行こう
一九六六年四月十九日（日本時間二十日）、四二五人が参加した第七〇回ボストンマラソンで、栄えあるオリーブの葉の冠を戴いたのは君原であった。

彼は名言を残している。

「マラソンランナーは、ぎりぎりまで自分を追い込むがゆえに、人の支えなくして生きていけないのです」

結婚を反対された圓谷

君原と対照的だったのが圓谷であった。ちょうど同じ頃、圓谷にも縁談が持ち上がっていたが、第三者に横槍《よこやり》を入れられ、大騒動に発展していた。

君原における高橋進同様、圓谷のコーチ・畠野洋夫は結婚に大賛成したのだが、自衛隊体育学校の校長・古池重朝《こいけしげとも》に猛反対されたのである。

二人が正面衝突したのは、一九六六年春。圓谷家の人たちと幸吉の婚約者の家族が結婚の打ち合わせで会食する前夜であった。

みちのく仙台のクラブで酒を飲み、畠野は圓谷の結婚に賛成してくれるよう言葉を尽くしたが、吉池はけんもほろろだった。

「二年後にメキシコを控え、結婚だなんて、滅相《めっそう》もない。結婚して成績がよくなったランナーは吉岡隆徳《たかよし》だけだ」

〝暁の超特急〟と称された吉岡は、ロサンゼルスオリンピック（一九三二年）の一〇〇メートルで六位に入賞していた。

ありていに言えば、結婚してセックスをすれば、長距離ランナーの生命線であるスタミナが奪われるというものだった。

畠野は反論した。

「同じランナーでも、短距離と長距離では違います。四二・一九五キロを走るマラソンランナーは孤独です。心の伴走者が必要なんです」

畠野は君原と同じ考え方であった。

ところが、吉池は真っ赤な顔で怒りだした。

「おまえ一人が圓谷を育てたんじゃない。日本あっての自衛隊。自衛隊あっての体育学校。体育学校あっての圓谷。圓谷あってのおまえだ。考え違いをするな！」

畠野はテーブルの下で拳を握りしめ、必死に耐えるしかなかった。

吉池は小柄で痩《や》せていたせいか、鼻の下にはアドルフ・ヒトラーのようなチョビ髭《ひげ》をたくわえており、学校内では〝独裁者〟と呼ばれていた。

当夜、畠野は〝独裁者〟から罵詈雑言《ばりぞうごん》を浴び、吉池と別れた後、一人で朝まで痛飲した。

翌日、圓谷家と婚約者の顔合わせは予定どおりに行われた。場所は東北本線・郡山駅前のホテル。出席者は圓谷家側が父・幸七と長男・敏雄。婚約者側が本人と母。そして、吉池と畠野であった。

幸吉は同年二月、福岡県久留米市の陸上自衛隊幹部候補生学校に入校しており、郡山に来れなかった。

幸吉の兄の喜久造《きくぞう》らによると、会食の冒頭、口火《くちび》を切ったのは吉池である。

「圓谷は自衛隊の宝です。東京オリンピックでは銅メダルを獲得しましたが、二年後のメキシコオリンピックでは、ぜひとも金メダルを狙ってほしい。ですから、メキシコ後ならまだしも、いま圓谷が結婚するのは反対なんです」

父・幸七は反論した。

「結婚は幸吉の強い意思です。したがって、父親としては本人の願いを叶えてやりたく思っております」

ところが、吉池は「長距離ランナーが結婚すると成績を落とす」という根拠のない持論を再び持ち出した。

吉池は厚かましくも提案した。

「どうしても年内に結婚したいとおっしゃるのでしたら、東京でやっていただきましょう。どうですか、お父さん」

吉池は披露宴の一切合切《いっさいがっさい》を自分が仕切ろうと考えたのである。これには、幸七も語気を荒げた。

「結婚式は地元の須賀川でやります。東京では絶対にやりません」

吉池と幸七の激しいやり取りを聞き、真っ青になったのが、婚約者とその母である。二人は不安になり、この日を境に幸吉との結婚に後ろ向きになっていく。

だが、この場に不在の幸吉は結婚に前のめりになっていた。ライバルの君原が、結婚式の一カ月後にボストンマラソンを走り、優勝したからにほかならない。

婚約解消

一九六六年七月十一日、教官の畠野洋夫は、札幌の北部方面スキー訓練隊に更迭《こうてつ》された。学校長の吉池による嫌がらせ人事だったのはいうまでもない。

夫人の由美子によると、畠野は大きなショックを受けていたという。

「なにしろ、主人は鹿児島生まれの鹿児島育ちで、鹿児島大学を卒業するまで、スキー経験がないばかりか、雪さえも見たことがありませんでしたから」

都落《みやこお》ちを強いられた畠野は、八月十九日、幸吉の長兄・敏雄に、家族のことを綴った手紙を送っている。


〈当地の生活にも、子供たち慣れて参りました。気候がよいものですから、埼玉では度々風邪など引いておりましたのに、一カ月近くになりますのに、まだ一度も病気しません。千佳は、さっそく、おてんば振りを発揮し、困ったものです。（中略）。チビの方は益々悪さ坊主として成長しております。チョイチョイ姉を泣かせております。食べることも姉以上です。

女房の方もどうやら落ちついて来ました。只経済的な面で毎日愚痴《ぐち》ばかりこぼされ、親父の方はヒーヒーしております。とにかく物価は高いし、家賃は再び、いや今までの最高の七阡五百円也に舞いもどり、これ又頭痛のタネです。（中略）。

只今、札幌は夏祭り、盆踊りとあちこちにぎわっております。短い夏の期間を愛する北海道の人々気持がこの催しにあらわれているようです。（後略）〉

一九六六年秋、圓谷は福岡県久留米市にある幹部候補生学校の八カ月に及んだカリキュラムを終え、卒業が決まり、自衛隊体育学校の前校長で、帯広の第五師団長を務める吉井武繁に結婚報告の手紙を出した。

バラ色の未来が約束され、圓谷は幸福の絶頂にあったが、いきなり不幸のどん底に突き落とされる。

婚約者が須賀川市の実家に突然現れ、幸吉からプレゼントされた品々を段ボールに納め、突き返したのである。その中には、圓谷が香港で買ったダイヤモンドの指輪も入っていた。事実上の婚約破棄であった。

挙式の日取りはもちろん、式場の予約まですませていたにもかかわらず、なぜ婚約者は心変わりしたのだろうか。

東京オリンピック前に練習パートナーだった宮路道雄が打ち明ける。

「東京オリンピック後、圓ちゃんが天皇陛下ご臨席のパーティに招かれたことがあるんですが、そのことを、吉池学校長が針小棒大《しんしょうぼうだい》に語ったんです。『圓谷はロイヤルファミリーの一員だ。あなたたちは皇族の方々と親戚付き合いをする覚悟ができているのか』。婚約者と母親はそれを聞き、恐ろしくなり、思い出の品々を突き返したんです」

畠野由美子によると、吉池が恫喝《どうかつ》とも思える弁を弄したのは、意外なことがきっかけであった。

「実は主人が圓谷さんから結婚式の仲人を依頼されまして、自分には荷が重すぎるとお断りしたんですが、そのことが学校長の耳に入ったんです」

媒酌人《ばいしゃくにん》は自分しかいないと思っていた吉池は、面目を失ったと感じ、圓谷の結婚に横槍を入れたのである。

圓谷の衝撃は察するに余りあったが、自衛隊が階級社会である以上、どうすることもできなかった。

V 圓谷から授かった銀メダル

追い詰められた圓谷

君原健二が圓谷幸吉と言葉を交わし、それが今生《こんじょう》の別れになるのは、一九六七年五月二十七日と二十八日の両日、広島で行われた「第一五回全日本実業団対抗陸上競技選手権大会」の最中だった。

選手控え室で二人きりになったとき、圓谷は問わず語りに呟いている。

「メキシコオリンピックで日の丸を揚げるのは国民との約束なんだ」

君原は驚き、返す言葉がなかった。東京オリンピックのマラソンで銅メダルを獲得した直後、報道陣に語った言葉を、ずっと心の奥底に秘めていたのである。

この二日間、誰が見ても圓谷の走りは常軌《じょうき》を逸《いっ》していた。持病の腰と両足のアキレス腱に不安を抱えながら、五〇〇〇メートル、二万メートル、一万メートルを立て続けに走り、いずれも惨敗した。なかでも悲劇的だったのは、二万メートルの「記録不明」。しかも、君原には周回遅れ、寺澤にも大きく引き離され、一敗地に塗れた。

〈五千メートル〉（五月二十七日）
一位＝沢木啓祐（順天堂大教員）一四分一八秒〇。
六位＝圓谷幸吉（自衛隊体育学校）一四分三六秒〇。

〈二万メートル〉（五月二十七日）
一位＝君原健二（八幡製鉄）一時間一分一九秒〇（大会新）。
三位＝寺澤徹（倉敷レイヨン）一時間一分四五秒四。
七位＝圓谷幸吉　記録不明。

〈一万メートル〉（五月二十八日）
一位＝沢木啓祐（同）二九分四三秒二。
二位＝宇佐美彰朗（リッカー）二九分五九秒二
三位＝圓谷幸吉（同）二九分五九秒四。

見兼ねた君原のコーチ、高橋進が圓谷に注意した。

「無理をすると、取り返しがつかないことになるぞ……」

その言葉は現実になった。

広島に残って合宿を張った初日に左足アキレス腱が切れた。さらに、自衛隊体育学校に戻ってほどない七月九日、今度は右足アキレス腱を断裂《だんれつ》し、東京都品川区にある河野臨床医学研究所付属第三北品川病院に入院。アキレス腱と椎間板《ついかんばん》ヘルニアの手術を強いられたのであった。

こうして肉体的にも精神的にも、とことん追い詰められていくのである。

遺書〈疲れ切ってしまって走れません……〉

一九六七年十二月三十日、圓谷幸吉は福島県須賀川市に帰省し、例年どおり親きょうだいと一緒に年末年始を過ごした。

この年は、入院して手術をした直後とあって、親戚一同が彼の好物を持ち寄った。

幸吉は飲みかつ食べた。酒はオフィシャルな場では遠慮するが、嫌いではなく、君原と同じビール党だった。

ほろ酔い加減になると、自衛隊で覚えたのであろう、「武田節」を雄々しく高らかに歌い上げ、拍手喝采を浴びた。幸吉が親きょうだいの前で歌ったのは初めてのことだった。

どぶろくを飲んで酩酊《めいてい》した父・幸七は、幸吉に囁いている。

「実はな、破談になった例の彼女が結婚したんだよ」

そのとき、幸吉は黙って頷いただけで、表情を変えなかったが、しばらくして席を立った。

姉の富美子が述懐する。

「なぜか胸騒ぎがし、幸吉をさがしたら、縁側でぽつんと座っていました。その雰囲気が暗く、背中が寂しそうだったので、ドキリとしました」

幸吉はお姉さん子で、四、五歳の頃、毎晩富美子が子守歌で寝かしつけていた。

「幸吉は童謡の『雨』（作詞・北原白秋）が大好きで、三番を歌うと、いつも泣きじゃくりました。『小雉子《こきじ》』という歌詞が『幸吉』と聞こえるからでした」

雨がふります雨がふる
けんけん小雉子が今啼いた
小雉子も寒かろ寂しかろ

東京都練馬区大泉学園町にある自衛隊体育学校の幹部宿舎二一号室で、幸吉の遺体が発見されるのは、それからちょうど一週間後の一九六八年一月九日。剃刀で切った右頸動脈《みぎけいどうみゃく》の傷は、深さ三センチに達しており、部屋の中は真っ赤な血の海であった。

廊下の掲示板には次のように記されていた。

「メキシコオリンピックまで、あと二七七日……」

机の引き出しの裏に貼り付けてあった遺書には、血が飛び散っていた。

〈父上様母上様　三日とろゝ美味しうございました。干し柿、もちも美味しうございました。

敏雄兄、姉上様、おすし美味しうございました。

勝美兄、姉上様、ブドウ酒、リンゴ美味しうございました。

巌兄、姉上様、しそめし、南ばんづけ美味しうございました。

㐂久造兄、姉上様、ブドウ液、養命酒美味しうございました。又いつも洗濯ありがとうございました。

幸造兄、姉上様　往復車に便乗さして戴き有難うございました。モンゴいか美味しうございました。

正男兄、姉上様　お気を煩わして大変申し訳ありませんでした。

幸雄君、秀雄君、幹雄君、敏子ちゃん、ひで子ちゃん、良介君、敬久君、みよ子ちゃん、ゆき江ちゃん、光江ちゃん、彰君、芳幸君、恵子ちゃん、幸栄君、裕ちゃん、キーちゃん、正嗣君、立派な人になって下さい。

父上様母上様　幸吉は、もうすっかり疲れ切ってしまって走れません。

何卒お許し下さい。

気が休まる事なく御苦労、御心配をお掛け致し申し訳ありません。

幸吉は父母上様の側で暮らしとうございました〉

四日後の一月十三日、東京都新宿区市ヶ谷の自衛隊大講堂で、自殺した圓谷の葬儀が執り行われたとき、コーチの高橋は君原との連名で次のような弔電《ちょうでん》を打った。

〈ツブラヤクン　シズカニネムレ　キミノイシヲツギ　メキシコデハ　ヒノマルヲアゲルコトヲチカウ〉

振り返った君原

それから九カ月後の一九六八年十月二十日午後三時（日本時間二十一日午前六時）、君原はマラソンのスタートラインに立つと、抜けるように青いメキシコの空を見上げ、心に誓った。

「圓谷さん、天国から見守ってください。あなたの分も一生懸命に走ります」

ソカロ広場に号砲が響き渡ると、七二人の選手たちは、はじかれたように飛び出した。出場したランナーは精鋭揃いだったが、酸素が平地の七五パーセントしかない高地（二二四〇メートル）とあって、先頭集団の五キロ通過タイムは、一六分四四秒という超スローペース。その中に、左胸に日の丸を付けた君原のほか、宇佐美彰朗（リッカー）、佐々木精一郎（九州電工）の姿があった。

レースを牽引《けんいん》したのは、オリンピック三連覇をめざす〝走る鉄人〟アベベ（エチオピア）。集団がばらけたのは、一二キロ過ぎ。宇佐美と佐々木はスパートしたアベベを追ったが、君原は残りの距離を考え、自重している。その作戦が幸いした。

マラソンランナー君原の強みは、〝逆算〟と〝合理主義〟にあった。一〇〇メートルを仮に二〇秒のタイムで走るとすると、一キロは三分二〇秒、五キロは一六分四〇秒、四二・一九五キロは二時間二〇分三九秒。一〇〇メートルで一秒違えば、七分差。長丁場のマラソンで大切なことは、一にも二にもマイペースなのである。

君原はメキシコオリンピックに向け、身につけるものの軽量化をはかっていた。パンツはビニールのような軽い素材で、シャツも余計な裾を切り捨てた。シューズは空冷式の小さな孔が開いた特製で、踵《かかと》のスポンジも取り外した。靴下も穿《は》かなかった。タイムは五キロごとに表示されるため、時計も外した。

君原は北九州市の戸畑中央高校から「鉄は国家なり」の八幡製鉄に就職しただけあって、理数系の頭脳の持ち主だった。

君原が苦笑する。

「わたしは小学校時代、五段階評価の下の〈やや劣っている〉と〈劣っている〉がほとんどの劣等生でしたが、六年生のとき、算数だけが上から二番目の〈優れている〉と評価された。それがうれしくて、算数が大好きになったんです」

一五キロ付近に差し掛かると、君原はわが目を疑った。あの〝鉄人〟アベベが薄い空気と真夏のような暑さに耐えかね、落ちてきたのである。アベベは一六キロ地点で歩き出し、なんと一七キロで棄権した。

君原はマイペースを守り、減速を余儀《よぎ》なくされたランナーを次々抜き去り、二八キロ地点でジョンストン（イギリス）をかわした。気がついたら三位だった。

順位を確認できたのは、沿道のファンから「トレス！」（スペイン語で「三番」）という声が掛かったからだった。メキシコが五回目の君原は、言葉がわからないばかりに買い物で悪戦苦闘し、少なからず損をした経験があり、「一」から「一〇」までのスペイン語を諳《そら》んじていた。このときばかりは、好奇心旺盛な性格が大事なマラソン本番で功を奏したのである。

トップ争いは、マモ・ウォルデ（エチオピア）が三〇キロ手前でスパートし、そのまま独走。二時間二〇分二六秒四という記録で金メダルを獲得した。

君原はレース後半、ゴールまでの距離とタイムを逆算し、エンジンを全開させた。前を走るナフタリ・テム（ケニア）を抜くと、沿道のファンから飛んだ「ドス！」（同「二番」）という声に勇気づけられた。

君原がスタジアムのゲートをくぐった直後、観衆のどよめきが起きた。彼の背後六〇メートルに、黒いパンツと同色のシャツを着たマイケル・ライアン（ニュージーランド）が迫っていたからである。

こんな偶然があるのか、四年前の東京オリンピックで、圓谷が国立競技場に姿を現したときと同じだった。そのときは、ベイジル・ヒートリー（イギリス）が背後に迫っていた。

君原も圓谷同様うしろを見ないランナーだったが、このときは例外だった。振り返り、ライアンとの距離を確認すると、ラストスパートをかけたのである。あごを上げ、首を左右に振る独特のフォームでゴールイン。圓谷を上回る銀メダルを獲得した。

半世紀以上前を振り返り、君原がしみじみ語る。

「あのとき、振り向いたのは、圓谷さんが天国から囁いてくれたからです。圓谷さんが銀メダルを授けてくれたんです」

レース直後には、こんなコメントを残している。

「二〇キロ過ぎから、腹が痛くなった。三〇キロの登り坂でまた痛くなったが、二番を走っていることを知り、歯を食いしばって頑張った」

君原のマラソン人生で特筆すべきは、一九七三年に現役第一線を退くまで、三五回のフルマラソンを走り、一度も棄権しなかったこと。二〇一六年には、五〇年前の優勝者として招待されたボストンマラソンを走り抜き、七四回目のフルマラソン完走を成し遂げている。

古今東西、こんなマラソンランナーはいない。彼が残した足跡は、金メダル以上の大きな価値があるのである。

マラソンは身体の芸術だ

君原のマラソン哲学は、我々にも参考になる貴重な人生訓といっていい。

「わたしはマラソンを走っていて、つらくなると、目標を小さくする。ゴールまで遠すぎるときは、あと五キロ、あと一キロと自分を励ます。それでもしんどいときは、とにかく次の電信柱まで走ろうと言い聞かせる。大事なのは、最後の最後まで絶対にあきらめないことです」

彼の取材を通し、筆者が聞いた金言《きんげん》は数多くある。

「マラソンレースは展覧会に似ています。日頃の練習の成果を発表する場所なんです」

「ゴールは無限です。同じレースは二つとしてありません」

「マラソンは身体全体を使って表現する芸術作品なんです」

君原が七十八歳にして走り続ける理由は、ここにある。

二〇二〇年の東京オリンピックを目指すマラソンランナーに、君原がエールを送る。

「東京オリンピックが開かれた一九六四年、マラソン世界十傑には日本人選手が五人もいました。いまは、アフリカ選手が異次元の強さを発揮し、十傑に日本人選手はいません。でも、不可能ではありません。選手たちには無限の可能性がある。もう時間がないではなく、まだ時間があると解釈してほしい。圓谷さんは東京オリンピックの年に彗星《すいせい》のように現れ、三回しかマラソンを走らず、銅メダルを獲得しました。今度の東京オリンピックも、第二の圓谷さんが出てくることを期待してやみません……」

二〇二〇年に開かれる東京オリンピックの男子マラソンは、大会最終日の八月九日。暑さと湿度を考え、スタート時刻は早朝の午前六時に決まった。

第三章

依田郁子
自殺のプレリュード

東京オリンピック女子80メートルハードル決勝、
スタート前に逆立ちをする依田郁子

I

長兄が初めて語った

生卵を一〇個呑んで臨んだオリンピック

東京オリンピック（一九六四年）の八〇メートルハードルで五位に入賞した依田郁子《よだいくこ》の姿は、五五年の歳月を経たいまも、瞼に強烈に焼き付いている。

当時、わたしは小学校四年生。圓谷幸吉がベイジル・ヒートリー（イギリス）に抜かれ、三位に落ちた瞬間と、神永昭夫がアントン・ヘーシンク（オランダ）に袈裟固めに抑えこまれ、銀メダルに終わったシーンが、久しく脳裏を去らなかったが、郁子のパフォーマンスは二人とは異質で、得体の知れないオーラを感じさせた。

レースよりレース前のルーティンのほうが印象に残っている。

東京オリンピックの八〇メートルハードル決勝が行われたのは、一九六四年十月十九日。郁子が国立競技場のトラックに姿を現すと、スタンドは大きくどよめいた。

この日は頭に麦藁帽子《むぎわらぼうし》、目にサングラスという奇抜《きばつ》な出で立ちで、帽子を脱ぎ、サングラスを外すと、いつもの短髪に白い鉢巻姿。例によって左右のこめかみにサロメチールを塗りたくり、右太ももに大きなサポーターを巻いていた。

郁子は箒《ほうき》を手にすると、口笛を吹きながら自分が走る第六コースを掃き清めた。そして、後転し、トレードマークの脚を広げての逆立ち。

その様子を、グレーの背広を着た天皇陛下とダークブルーの帽子とアイボリー・ホワイトのコートをまとった皇后陛下がロイヤルボックスから興味深そうに見つめていた。

当時、わたしは知らなかったが、郁子が絶対に欠かせないルーティンは、レース前に生卵を一〇個呑むこと。今日ではおよそ考えられない、型破りの女性アスリートだったのである。

長野県小県郡丸子町

依田郁子は、一九三八年九月三十日、長野県小県郡《ちいさがたぐん》丸子町（現・上田市）で産声を上げた。戦前、上田市は養蚕《ようさん》が盛んで、全国屈指の〝蚕都《さんと》〟として知られていた。依田家もまた、父・登と母・あきが養蚕業を営んでいた。

郁子より七歳上の長兄・恒雄（86）に取材を申し込み、JR上田駅前の喫茶店で待ち合わせをしたのは、二〇一八年一月の寒い日だった。

名刺交換し、裏に書かれた略歴を見て驚いた。上田市の高校の校長を歴任し、丸子町の教育委員長を務め、文部大臣表彰、瑞宝小綬章《ずいほうしょうじゅしょう》を受けていた。恒雄は地元の名士だったのである。教員生活が長かっただけに、口調に淀みがなかった。

「私たちは六人きょうだいなんです。上から、貞子、私、邦子、正隆、そして郁子。実は郁子の下に貴子という女の子がいたんですが、一歳のよちよち歩きのときに近くの依田川で溺れ、死んでしまったんです」

郁子の波瀾万丈《はらんばんじょう》の物語は、後年の自殺を暗示するかのように、不幸な出来事から始まっている。

「たしか郁子が小学校に上がって間もない頃で、季節は夏でした。郁子がすぐ上の兄、正隆と近くの依田川へ水遊びに出かけるとき、貴子を連れて行ったんです。お転婆だった郁子は、女の子同士の遊びで飽き足らず、正隆の後を執拗に追い回していました。その日も、兄たち男の子と水遊びに夢中になっていたのでしょう。ふと目を離した瞬間、貴子が川に入ってしまったんです」

のちに郁子が取材を受け、六人きょうだいの五番目であるにもかかわらず、「私は五人きょうだいの末っ子です」と答えたのは、貴子のことを思い出すのがつらかったからに相違ない。

郁子は物心がついたときから、朝から晩まで山野を走り回り、小学校の運動会ではいつも優勝し、賞品が家に山積みになった。

『スポーツの技と心』（教育開発研究所）という本の座談会で、郁子は胸を張っている。〈生まれ落ちてからこの方、走ることにかけては誰にも負けなかったという記憶が今も残っています〉

当時の賞品は、なぜかいつも炭火コンロ。長野の冬は寒く長く、電気代節約にもなり、重宝されたのだろう。父の登は家のリヤカーに七、八個も積み込み、顔をくしゃくしゃにしながら「郁子が駆けっこでいただいた賞品や。もらっておくれ」と、近所へ配って歩いたという。

中学生になると、依田郁子の名前は近在近郷に轟《とどろ》く。中三のときの「小県上田中学校生徒陸上競技大会」では、一〇〇メートルを一四秒一で走り、大会記録を樹立している。

不思議なことに、駆けっこでは誰にも負けなかった郁子だが、体は弱く、高校受験を前にし、肋膜炎《ろくまくえん》と肺炎を患った。爪先や手の指の感覚を喪失《そうしつ》し、一時は生死の境をさまよったほどである。

そのせいか、上田染谷丘《そめやおか》高校（当時は女子高）を受験するが、失敗。やむなく同校の定時制に進むことになる。

郁子にとっては、末っ子の貴子の死につづく、人生二度目のつらい出来事であった。

しかし、負けず嫌いの彼女は、翌年、再び同校の昼間部を受験し、合格。陸上部の門を叩いた。一学年上の二年には中学時代の同級生がひしめいており、得意の駆けっこで見返したいと思ったのである。

恩師は〝暁の超特急〟吉岡隆徳

染谷丘高校は、バスケットボールの強豪校で、運動神経抜群の郁子はバスケットボール部から執拗に誘われたが、断っている。その理由が、いかにも彼女らしい。

「私は個人主義者だから、チームスポーツには向かない」

一九五五年八月、山形県酒田市で行われた第八回全国高校陸上競技選手権大会（現・インターハイ）では、一年生の郁子が二〇〇メートル走に大抜擢された。

そのとき、陸上部教諭の土屋篤（故人）は、郁子がスタート前に生卵を一〇個も立て続けに呑んで、腰を抜かした。

それを見て、郁子は笑い飛ばした。

「先生、平気ですよ。私の子供のときからのゲン担ぎですから」

長兄の恒雄が明かす。

「養蚕業は戦争を境にして落ち目になり、わが家も田畑を耕しながら、ニワトリをたくさん飼うようになりました。ですから、家には卵がなんぼでもあった。おやじの登が、郁子が運動会に出るとき、『精をつけろ！』と生卵を呑ますもんだから、郁子は癖になり、レース前に一〇個も呑むようになったんです」

陸上部の土屋教諭は目端《めはし》が利く人物だったようで、「オリンピックでメダルを狙うなら、一〇〇メートルや二〇〇メートルではなく、障害レースだぞ」と、勧めたのが、郁子が八〇メートルハードルを走るきっかけになった。

このレースは、高さ七六・二センチのハードルが八台。スタートから最初のハードルまでと、最後のハードルからゴールまでは一二メートルだが、そのほかは八メートル。オリンピック種目としてはロサンゼルス（一九三二年）に始まり、メキシコ（一九六八年）に終わるが、コンマ一秒を争うスピードが醍醐味のレースだった。

「私は音痴で、リズム感に欠けるから、ハードルは向かない」

当初は嫌がっていた郁子だが、高校二年のときの長野総体で、八〇メートルハードルに出ると、一三秒一の長野県記録で優勝。気をよくした郁子は、インターハイ（高知）でも一三秒二で一位。翌年のインターハイ（富山）でも、一二秒六で優勝し、ハードルの虜《とりこ》になるのである。

卒業を前に、大学から勧誘された郁子だが、「勉強は、もうイヤ！」と、陸上の名門リッカー（当時・リッカーミシン）の門を叩く。

郁子の幸運は、ひとえに指導者に恵まれたことにある。リッカーの監督は、第二章にも出てきたが、ロサンゼルスオリンピックの一〇〇メートル走で六位に入賞した吉岡隆徳《たかよし》だった。

かつて一〇〇メートルを一〇秒三で走り、〝暁の超特急〟と呼ばれた吉岡が、「スパイクを恋人と思え！」と郁子を叱咤激励した話は、あまりに有名である。

吉岡は一九〇九年（明治四十二年）生まれの〝明治男〟らしく、豪快な人物だった。練習には厳しかったが、グラウンドを離れると、羽目を外した。酒に目がなく、一斗《いっと》も辞さない酒豪であった。

そんな吉岡を小県郡丸子町の自宅に招き、一献傾けたときのことを、長兄の恒雄が懐かしむ。

「おやじと吉岡先生が酒盛りを始めると、すぐに意気投合し、飲めや歌えの大宴会になりました。私も嫌いなほうではないので（笑）、ご相伴《しょうばん》にあずかりました。すると、酒飲みが嫌いなおふくろが露骨に嫌な顔をしましてね。おやじは養子で、いわゆる入り婿でしたから、おふくろには頭が上がりませんでした。夜の十二時を回ると、今度は郁子が『もう日付けが替わっているわよ』と、吉岡先生に唇を尖らせていました」

恒雄が母の思い出を語る。

「あれは繭《まゆ》の採集が忙しい夏の日のことでした。どしゃぶりの雨に見舞われ、私が作業を中断し、家に傘を取りに帰ろうとすると、おふくろから『傘なんて必要ない。雨に溶けるような、そんな柔《やわ》な身体に私は産んでいない』と烈火の如く怒られたことがありました」

郁子の一本気で激しい気性は、母譲りだったのかもしれない。

相模湖の〝自殺未遂〟事件

郁子は、そんな母に命を救われている。ローマオリンピックに出場した選手たちが帰国する前日の一九六〇年九月二十二日のことだった。

郁子は八〇錠もの睡眠薬をバッグに忍ばせ、リッカーの寮がある立川駅から中央線に乗り、相模湖駅で降りた。彼女は湖で睡眠薬を飲んで死ぬつもりだったのである。

前出の『スポーツの技と心』という座談会で、郁子は打ち明けている。

〈ローマ大会では一〇〇メートルをめざしていたわけですが、女性特有のコンディションに薬を使用してかえって調子を悪くし、また予選会の直前から試合の日まで、四〇度近い高熱を出してしまってオリンピックには出場できませんでした〉

生理対策に薬を使い、体調を崩し、オリンピックに参加できる標準記録を突破できなかったのである。

オリンピックの夢を絶たれた郁子が、吉岡に当たり散らすと、逆に雷を落とされた。

「そこまで言うなら、レースなんかやめてしまえ！」

選手が帰国する前日に命を断つ決意をしたのは、会社の同僚からオリンピックのみやげ話を聞きたくなかったからであろう。

リッカーからは、女子円盤投げの内田弘子（四三メートル七八＝予選落ち）。女子走り幅跳びの伊藤文子（五メートル九八＝十二位）、同じく女子走り幅跳びの木村安子（五メートル四五＝予選落ち）の三人がローマオリンピックに出場していた。

郁子は相模湖で貸しボートに乗り、適当な場所に止め、用意した睡眠薬を四〇錠くらい飲むと、昏睡《こんすい》状態に陥って三時間も意識が戻らなかった。

〈彼女の話によると、夢の中で「郁子や、死んじゃいけないよ」という母親の声を聞いたそうである。「はっ」と目を覚ますと、ボートはまっ暗な湖上をただよっていた。それで急にこわくなって、ボートを岸につけ帰って来たのだ……〉（吉岡隆徳「私の履歴書」）

その夜、郁子は寮に戻らず、立川駅そばの「ホテル無門庵」に泊まった。立川飛行場が近いため、戦争中は神風《かみかぜ》少年飛行兵が水杯《みずさかずき》を交わした宿であった。

長兄の恒雄がしんみりした顔でいう。

「母は末っ子の貴子が水死したこともあって、郁子を可愛がっていました。母と子の強い絆が、郁子を救ったのだと思います」

〝滝〟のような涙

一九六四年十月十日、東京オリンピックの開会式が始まると、長野県小県郡丸子町の依田家の人たちはテレビに釘付けになった。いうまでもなく、郁子の勇姿を見たかったからだが、誰も画面で彼女を確認できなかった。

恒雄が苦笑する。

「あとで聞いたら、サブトラックで調整に余念がなく、開会式どころではなかったらしい。本番が九日後に迫り、日々神経を研《と》ぎ澄《す》ましていたんです」

八〇メートルハードルの予選と準決勝をいずれも一〇秒七で通過した郁子は、十九日、晴れの決勝を迎えた。郁子にはメダルの期待がかかっていただけに、国立競技場には七万人の大観衆が詰め掛けていた。

ゼッケン番号「239」を付けた郁子は、いつも通りのルーティンをこなし、得意の逆立ちもしてみせた。郁子の逆立ちは、脚をすくっと伸ばす倒立《とうりつ》ではなく、膝を折り曲げ、脚を開く独特のものだった。

「あれだけはやめて。嫁のもらい手がなくなるから」

母からは何度も忠告されたが、これだけは郁子も譲れなかった。

「あれはウォーミングアップの一部。あの逆立ちをすると、身体がリラックスできるのよ」

この日は、明治神宮と成田山のお守りを腰にぶら下げ、かちぐりを短パンのポケットにしのばせ、レースに臨んでいた。

スタンドの報道席にいた吉岡隆徳は、郁子の一挙手一投足に目を凝らした。他の七人の選手はスターティング・ブロックの足場をかためていたが、郁子だけは立ったまま両手を腰にやり、前方のゴール地点を睨《にら》み付けていた。

吉岡は郁子の口元が動いているのを見逃さなかった。独り言ではない。歌っていたのだ。それが村田英雄の「姿三四郎」の替え歌とわかったのは、七万人の中で、いつも郁子の歌を聴いている吉岡だけだった。

〈人に勝つより自分に勝てと
言われた言葉が胸にしむ
月が笑うぞ
依田郁子（三四郎）〉

八〇メートルハードルのスタートを告げるピストルが鳴ると、八人の選手が一斉に飛び出した。六コースの依田は吉岡譲りのロケットスタートを決め、ハードル一台目（一二メートル）はトップ。二台目（二〇メートル）もトップ。しかし、三台目（二八メートル）で、カリン・バルツァー（統一ドイツ）、テレサ・チェプラ（ポーランド）、パム・キルボーン（オーストラリア）に抜かれ、四台目（三六メートル）にイリア・プレス（ソ連）にも先行を許した。

しかし、ここから郁子は粘りに粘り、最後まで抜かされることなく、五位でゴールした。メダルには届かなかったが、三位とは〇・二秒差、四位とは〇・一秒差。オリンピックの個人トラックレースで女子が入賞したのは、第九回アムステルダム大会の人見絹枝《ひとみきぬえ》（八〇〇メートル二位）以来、三六年ぶりのことだった。

そのとき、長兄の恒雄は、ロイヤルボックス下の特等席にいた。

「時効だから話せるのですが、当日、その席に座る予定だった長野県知事が風邪をひきましてね。めぐりめぐって私にプラチナチケットが回ってきたんです。郁子は五位に入賞しましたが、悲願のメダルが取れず、心配していると、地元紙の記者が国立競技場の出口ゲートまで連れて行ってくれたんです」

恒雄は郁子の顔を見ると、長野の方言で声を掛けた。

「頑張ったぜや……」

頑張ったじゃないかという意味だった。すると、郁子は堰《せき》を切ったように泣き出した。

「大粒の涙が次から次へ溢れ出し、まるで滝のようでした」

依田郁子、二十六歳。一世一代の悔し涙であった。

II 広島で被爆した〝恩師〟

〝父娘〟のようだった吉岡と郁子

東京オリンピックの八〇メートルハードルに出場し、わずか〇・二秒差でメダルを逃し、長兄・恒雄の前で〝滝のような涙〟を流した依田郁子だったが、報道陣に囲まれると、一転、にこやかな顔になった。

「表彰台にのぼりたかったんですが、まあそれは欲ですね」

郁子はぺろりと舌を出した。オリンピックの重圧から解放され、晴れ晴れとした表情だった。

五位入賞についての質問が飛ぶと、〝恩師〟の吉岡隆徳（リッカー陸上部監督）を引き合いに出した。

「吉岡先生より一つ上の五位入賞でしたから、恩返しができたのかなあと思います」

〝暁の超特急〟と呼ばれた吉岡は、ロサンゼルスオリンピック（一九三二年）の一〇〇メートル走で決勝に進出し、六位入賞。男子短距離選手の決勝進出は、それからバルセロナオリンピックの髙野進（四〇〇メートル。八位入賞）まで、六〇年も待たねばならなかった。

郁子は記者から結婚の話を向けられると、舌が滑《なめ》らかになった。

「これから二、三カ月休みますので、じっくり考えます。いい人がいたら、よろしくお願いしまーす」

郁子がこんなリップサービスをするのは、初めてのことだった。

そばで郁子の話を聞いていた吉岡が、目を細めた。

「よく気がつく子ですから、結婚したら、いい世話女房になりますよ」

郁子が二十六歳なら、吉岡は五十五歳。目に入れても痛くない娘を嫁に出す父親のような心境であった。

その日、二人は都内のすき焼き屋で慰労会を催した。子供のころ、あまりに足が速く、〝馬〟と綽名《あだな》された吉岡が、ランナー郁子を見初めたのは、〝鹿〟を彷彿させる跳ぶようなフォームだった。

「〝陸上馬鹿〟の好物が、いつしか〝牛〟になった」

吉岡がジョークを飛ばすと、郁子は笑い転げた。郁子が肉を食べられるようになったきっかけは、吉岡が勧めたすき焼きであった。

吉岡が口元をさびしそうにしているのを見て、郁子は思い出した。

「先生、煙草《たばこ》は？」

酒好きの吉岡は断酒こそできなかったが、東京オリンピックが終わるまではと、正月元旦から禁煙をつづけていた。

「そうか、もう吸ってもいいのだな」

吉岡はさっそく一〇本入り五〇円の超高級煙草「富士」を注文した。

吉岡がうれしそうに一本咥《くわ》えると、郁子が気を利かし、マッチで火を付けた。その瞬間を、同行したカメラマンは見逃さなかった。

この日は、選手の郁子のみならず、指導者の吉岡にとっても、人生最良の日だったかもしれない。

吉岡は黙《もく》して語らなかったが、広島で九死に一生を得た被爆者であった。一九四五年八月六日、東洋工業で勤労奉仕をしていた際に被爆したことを、自伝『わが人生一直線』に記している。

〈……午前八時十五分である。突然「ピカッ」と来た。七色の虹がくだけてごちゃごちゃになったような色だった。（中略）。北の空を見ると、巨大な入道雲のようなものがもくもくと盛り上がっていた。絹のようなというか雪のようなといおうか、私はかつてこんな白さを見たことがない。（中略）。二時間かかって十キロの道を歩き、広島市内を見渡せる場所に来た時、「や

られた」と思った。何もないのである。見覚えのある建物はほとんど姿を消し、もろに宇品港（広島港）が見えた〉

急いで家に帰ると、幸いにも家族は無事だったが、橋を渡る際に見た川にうずくまった大勢の被爆者は、帰らぬ人になった。

〈一様にあぐらの姿勢で両手をものあたりに重ね、ちょうど大仏様が頭をもたれている格好だった。この人たちは夜、満潮になって海の方へ流されてしまったということであった……〉

被爆体験が、吉岡の人生を変えた。広島高等師範学校（広島大学）の職を投げ捨て、広島に国体を誘致する活動に没頭《ぼっとう》するなど、スポーツの道をまっしぐらに進むことになるのである。

郁子の「テレビ結婚式」

「郁子にふさわしい結婚相手がいないだろうか」

吉岡が真っ先に相談を持ちかけたのは、オリンピック前に郁子の密着取材をした日刊スポーツ記者の安田矩明《のりあき》。安田はローマオリンピックの棒高跳びに出場した元選手で、吉岡や郁子の信頼が厚かった。

「それでは、心当たりがあるので、当たってみましょう」

安田の意中の人物は、東京教育大学（現・筑波大学）の陸上部時代、マネージャーをしていた同級生の宮丸凱史《みやまるまさし》（当時・都立戸山高校教諭）。宮丸は元ハードルの選手で、オリンピック開催中は陸連の委員として会場の案内係を務め、郁子のレースも見ており、うってつけの相手だと思ったのである。

新年を迎えた一月のある日、安田は東京・新宿のふぐ料理店で郁子を取材する際、宮丸を誘った。すると、郁子と宮丸は意気投合。話がトントン拍子に進み、一九六五年三月、ふたりは婚約した。婚約記事をスクープしたのが安田だったのはいうまでもない。

ふたりが華燭の典を挙げたのは、五月十一日。そのときの模様は、フジテレビの人気番組「テレビ結婚式」（火曜日午後零時十五分からの三〇分番組）で放送された。媒酌人は、吉岡隆徳夫妻。司会・進行は、徳川夢声《とくがわむせい》と中村メイコ。派手な結婚式は郁子らしくなかったが、長兄の恒雄によると、ちゃっかり屋の父・登が、諸手を挙げて賛成したのだという。

「費用は向こう持ち（テレビ局のこと）だろ。ゼニがかからないから、いいじゃないか……」

ふたりの新居は、東京都下・国立市にある六畳と四畳半のアパート。吉岡の自宅の目と鼻の先であった。

部屋が手狭になり、東京都下・町田市に引っ越すと、郁子が子宝を授かる。一九六六年十月六日、生まれた三五六〇グラムの男の子に「正人」と名付けた。

完璧主義と潔癖主義が仇に

子供が生まれ、人生は順風満帆《じゅんぷうまんぱん》かと思われたが、転居を重ねるにつれ、軋みが生じ始める。

一九七六年、宮丸は中京大学助教授に迎えられ、愛知県豊田市に引っ越すと近所には親友の安田（当時・中京大教授）が住んでいた。

家族ぐるみの付き合いだった安田夫人の景子《きょうこ》が思い出す。

「郁子さんは几帳面《きちょうめん》な性格ですから、毎朝、五時に起きて、庭の芝生の手入れをしていました。一粒種の正人君が可愛くて仕方ない様子で、学校から帰ってきて、膝小僧に少しでも土がついていると、きれいに払い落としていました」

その頃、長兄・恒雄が豊田市を訪ねると、郁子はウルトラ教育ママと化していた。

「たしか正人君は小学校一年生でしたが、郁子が朝日新聞の一面にある『天声人語』を写させていました。郁子は黙って見ているんですが、漢字の筆順を少しでも間違えると、『違う』、『違う』と大きな声を出していました」

郁子が亡くなる三年前、宮丸が筑波大学から誘われ、茨城県に転居したときも、恒雄が心配して見に行った。すると、持ち前の完璧主義と潔癖主義に拍車がかかっていた。

茨城県では宮丸の母と同居することになり、〝嫁姑《よめしゅうとめ》戦争〟が勃発していた。

恒雄が打ち明ける。

「義母との折り合いが悪く、些細なことで衝突するようになりました。なにしろ、郁子はこまめに掃除をし、家には塵《ちり》一つ落ちていない。電話を使わない日も、必ず受話器を磨くので、いつもピッカピカ。姑さんは〝加賀百万石〟の金沢出身ですから、おっとりしていて気位が高かった。ですから、波長が合わなかったんです」

体調不良が郁子に追い打ちを掛ける。右膝の痛みに襲われるきっかけを、彼女が亡くなったとき、長男・正人が告白している。

〈母のひざは五年ほど前、愛知県豊田市に住んでいた時に近所の人を集めて開いていた体操教室で、二人で組み体操中にひねって悪くした。以来、激しい運動はできなくなってしまった。特に右のひざが悪かった〉（「日刊スポーツ」一九八三年十月十五日）

右膝の内側の軟骨が突き上げる痛みに耐えかね、左膝を酷使すると、今度は両足が思うように動かなくなった。八〇メートルハードルでオリンピックに出場した選手が、歩行困難になった衝撃は察するに余りある。

一九八三年五月、両膝の手術を決断し、筑波大病院に入院。麻酔をかけると、郁子は心臓発作を起こし、危篤状態に陥った。手術を中断し、二カ月間の入院を余儀なくされる。

七月十四日、吉岡が病院に見舞いの電話をかけたせいで、お礼状が届いた。

〈……私が二十年前、先生と青春をかけてオリンピックを目指したことは過去のことではなく現在も世の中の皆さんが知ってくれて、今回も私を生の道えと、導いてくださったことです。本当にありがとうございました……。

右、お礼まで。

先生へ。

宮丸

七月十二日　午後病院にて〉（辺見じゅん著『夢、未だ盡きず　平木信二と吉岡隆徳』より抜粋）

七月三十日に退院した郁子だったが、その後、何度も心臓の発作に見舞われる。悪いときには悪いことが重なるもので、風呂場でバランスを崩し、快方に向かっていた膝をまた悪化させた。自殺の引き金は、一連のケガと病気のせいではないかと推察された。

郁子の自殺と吉岡の旅立ち

一九八三年十月十四日、午後六時十五分ごろ、筑波大学教授の宮丸凱史が茨城県筑波郡豊里町の自宅に帰ると、郁子が一階の六畳と八畳の間にある鴨居《かもい》にネクタイを三本通し、首を吊って死んでいた。パジャマ姿であった。

八畳の部屋には布団が敷《し》かれており、枕元には白い錠剤二個と剃刀が置かれていた。五LDKの家の二階にいた義母は何も気づかなかった。愛知から駆けつけた安田は、宮丸から鎮痛剤《ちんつうざい》の瓶を見せられ、二人で泣き明かしたという。

吉岡は亡くなる二週間前の十月一日、郁子の訪問を受けていた。あいにく留守にしており、会えなかったが、郁子が自殺する五日前の十月九日、国立競技場で夫の凱史と顔を合わせた。

「郁ちゃんは、元気かい?」

「はい、元気です」

そんな会話を交わしていただけに、吉岡は大きなショックを受けた。

〈……それほどまで悩んでいるなら、ひとこと相談してほしかった。それにしても、朝5時に起きて練習、会社(リッカー)へ行って午後2時から夕方まで、さらに夜寝る前と、1日3回の練習を十数年間も不平ひとついわず私の指示通りにやってきた、男性以上の精神力の持ち主が、なぜと思うと残念です。競技のつらさをしのいだ精神力を、人生でも発揮してほしかったと思う〉(「日刊スポーツ」一九八三年十月十五日)

吉岡は、自伝『わが人生一直線』で強調している。

〈戦前戦後を通じて最も根性のある選手は誰かと問われれば、ためらいなく依田を挙げたい〉

四日後の十月十八日、茨城県土浦市の市営斎場で執り行われた告別式で、吉岡は弔辞を読む際、何度も体を震わせた。

「わたしも、すぐいくから、あの世でいっしょに走ろうな。また、一緒に練習しような……」

それから半年後の一九八四年五月五日、吉岡は郁子の後を追うように天国に旅立った。広島で被爆した彼は、亡くなるまで原爆手帳を肌身離さず持っていた。死因は胃がんであった。

長兄・恒雄が郁子の死を悔やむ。

「私は長い間教育の現場にいましたから、郁子のことを思い出すたびに、もっとほかに言ってやるべきことがあったのではないかと自問自答しています。昨年、私のもう一人の妹、邦子が膵臓がんで亡くなりました。晩年、苦しさのあまり、『死にたい』と漏《も》らしたこともありましたが、命は神様から授かったもの、自分だけのものではないと励ましました。郁子にも、正人君がいたわけですから、もっと上手くいってやれなかったかと反省しているんです」

郁子の遺書はなかったが、屑籠《くずかご》に走り書きが残っていた。

〈一八年間戦いましたが、もう疲れました……〉

一八年間というのは、東京オリンピック後の歳月を指していた。

思い出すのは、東京オリンピックのマラソン銅メダリスト、圓谷幸吉の遺書である。

〈父上様母上様　幸吉はもうすっかり疲れ切ってしまって走れません〉

偶然だが、郁子が命を断つ二日前の十月十二日、日本テレビの水曜ロードショーで「駅・STATION」が放送され、元オリンピック選手役の高倉健の顔にかぶせ、この言葉が紹介されていた。そのため、郁子がこの映画を見たのではないか、圓谷の遺書が自殺の引き金になったのではないか、という噂が関係者に飛び交った。枕元に痛み止めの錠剤といっしょに剃刀が残っていたからだ。圓谷は両刃の剃刀で右頸動脈を切って死んでいた。

郁子が亡くなったとき、一人息子の正人は高校二年生。バスケットボールの選手として将来を嘱望《しょくぼう》されていた。郁子が吉岡に宛てた前出の手紙には、嬉しそうに書いていた。

〈息子もお陰様で大きく成長しております。バスケット部のキャプテンとして、弱いチームなりの責任をはたしているようです〉

先に記したように、郁子は高校入学後、バスケット部から勧誘されたが、「私の性格はチームスポーツに向かない」ときっぱり断っていた。

それなのに、正人はなぜ母が苦手と断言したバスケットの道を歩んだのだろうか。

連絡先を調べ、取材すると、東京都千代田区にある大手コンサルティング会社で働くエリートサラリーマンになっていた。

「二〇一七年夏、父（凱史）が亡くなり、私も五十歳を過ぎましたから、一点だけなら話をさせていただきます。私がバスケットを選んだ理由は、母と違ったスポーツをやりたかったからです。それ以上でも、それ以下でもありません」

郁子が四十五歳で命を絶ってから、三五年。「母と違ったスポーツを」という表現に、正人の子としての苦しみが凝縮されているような気がした。

第四章

自由形スイマー 浦上涼子の「変死」

自由形スイマーとして17歳で
東京オリンピックに出場した浦上涼子

粘着テープで顔をぐるぐる巻きにして

東京オリンピックの一〇〇メートル自由形と、四×一〇〇メートルリレーの第一泳者に抜擢された浦上涼子《うらがみりょうこ》（結婚後、吉田涼子。43）の遺体が発見されたのは、一九九〇年九月二十六日午前一時三十五分。

場所は、福岡県北九州市八幡東区にある木造平屋建ての空き家であった。

いっしょに東京オリンピックに出場した田中聰子《さとこ》（同＝竹宇治《たけうじ》聰子。一九六〇年ローマオリンピック・一〇〇メートル背泳ぎ銅メダリスト）や、タレントの木原美知子（故人）らを絶句させたのは、見たことも聞いたこともない死に方であった。

鼻や口はおろか、首にも粘着テープをぐるぐる巻きにし、まるでミイラのような姿で亡くなっていたのである。

遺体が見つかった空き家は、その年の四月まで涼子の母・アサエが住んでいた家。彼女が倒れていたのは四畳半の和室で、服装は普段着の白いトレーナーと紺のスエットパンツ。着衣に乱れがなく、外傷もなかったが、転がっていた粘着テープの芯だけが異様な死を物語っていた。

第一発見者は、JR鹿児島本線・黒崎駅そばで焼鳥店を営む涼子の夫、吉田数文《かずふみ》（43。故人）。仰天した数文は涼子の顔に巻かれた粘着テープを外し、八幡東署に届け出た。

当時、数文は話している。

「妻がいなくなったのは三日前のことです。二十三日の午前一時ごろ、仕事を終えて帰宅すると、妻は寝ていたんですが、朝になると、姿が見えなくなり、行方を捜していたんです」

その焼鳥店を訪ねてみると、当時高校三年生だった長男・永輝《ひさき》（45）が後を継いで店を切り盛りしていた。

「父が届け出た直後、警察に捜査本部が立ち上がったんです。三日間の空白があったせいで、当初は父に疑いの目が向けられたんです」

司法解剖の結果、死因は窒息死で、粘着テープによる自殺と断定され、嫌疑が晴れたのである。

当時、涼子の兄（故人）は、妹の変死について、次のようにコメントしている。

〈……ああいう死に方は妹ならできますよ。肺活量が並の人間と違い、妹がグッとひと息吸い込めば、ガムテープを巻けると思いますよ〉（『週刊新潮』一九九〇年十月十一日号）

涼子は水泳の名門・筑紫女学園高校（福岡市）から〝スポーツ王国〟八幡製鉄に進んだエリートスイマーであった。

同じ高校と会社で五年先輩だった田中聰子が、涼子の泳ぎを思い出してくれた。

「彼女は典型的な短距離タイプのスイマーでしたね。同じ自由形でも、背の高い木原美知子は大きな泳ぎが特徴でしたが、彼女は背格好も私と同じくらいで、小さかったけど、それを補《おぎな》って余りある手の回転数を持っていました」

前出の兄は、妹は負けず嫌いの性格だったと語っている。

「ある大会で二位に終わったときのことです。悔しさのあまり、銀メダルをプールに投げ入れたことがありました」

そんな強い気持ちを持つ彼女が、なぜ自ら命を絶たねばならなかったのだろうか。

幼なじみだった涼子と数文

長男の永輝によると、涼子と数文は、小・中学校時代の同級生だったという。

「平原《ひらばる》小学校（現・皿倉小学校）の高学年のときでした。クラスメート全員が二重跳び（縄跳び）をして競ったらしいんですが、最後まで残った女子が母で、男子が父。以来、それとなく意識し合う関係になったみたいです」

持ち前の運動神経を生かし、涼子は水泳、数文は野球の道をまっしぐらに進むことになる。
中学卒業後、涼子は筑紫女学園に進んだが、数文はのちに甲子園大会にも出場する九州工業高校（現・真颯館《しんそうかん》高校。北九州市）に進学し、それぞれオリンピックと甲子園の夢を追うことになる。
夢を実現したのは、涼子のほうだった。自由形の短距離でめきめき頭角を現し、東京オリンピックの出場権を獲得したのである。
涼子が出場権を得た東京オリンピック三カ月前の日本選手権（七月十九日）の記録（女子一〇〇メートル自由形）が残っている。
〈一位〉木原美知子（山陽女子高。16）　一分三秒八（日本新記録）
〈二位〉木村トヨ子（八幡製鉄。18）　一分四秒七
〈三位〉東《あずま》美代子（ロート製薬。19）　一分五秒四
〈四位〉浦上涼子（筑紫女学園。17）　一分五秒五
四番手で選ばれた涼子だったが、十月十二日に行われた東京オリンピック本番では記録が逆転した。
浦上涼子　一分四秒五
木村トヨ子　一分四秒八

東美代子　一分六秒四

外国人選手のレベルが高く、三人とも予選敗退したが、たった三カ月で記録を一秒も縮めた涼子の健闘は賞賛《しょうさん》に値する。

オールラウンダーの木原美知子は一〇〇メートル背泳ぎに出場し、百メートル自由形は回避したが、四×一〇〇メートルリレーには出た。好調の涼子が第一泳者で、第二泳者が木原。木村、東と、十六歳から十九歳までの十代カルテットがつないだ。

第三泳者の木村トヨ子（現・中村トヨ子）は筑紫女学園で涼子の先輩だった。

「涼ちゃんは、いまでいうピッチ泳法でね。元気が良くて、瞬発力があったから、勢いをつけるために第一泳者に選ばれたんです」

彼女の頑張りもあり、結果は四分一九秒二の日本新記録だった。

田中聰子の重圧

一九六四年十月十三日、一〇〇メートル背泳ぎ決勝前夜、田中聰子は外の雨音が気になり、眠れなかった。

競技会場の代々木総合体育館プールに近い旅館の一室には、ファンからの贈り物が山積みになっていた。

〈部屋の中には、八幡を発つ前に地元の小、中学生から、「毎日のはげしい練習大変ですね。オリンピックはぜひがんばってください」と贈られた千羽鶴《せんばづる》や、「元気をつけてください」とファンから送られてきた栄養剤や精力剤が、片すみに積まれていた〉（『メダリスト　水の女王・田中聡子の半生』）

今回の取材で、東京都北区のオフィスに彼女を訪ねると、

「まあ、古い話を聞きにきたわね。東京オリンピックは青春時代の一大イベントだけど、細かいことは忘れちゃってるわよ」

と、声を立てて笑った。

「前畑、頑張れ！」で知られる前畑秀子（一九三六年のベルリンオリンピック・二〇〇メートル平泳ぎ金メダリスト）以来、女子競泳では二四年ぶりの快挙をローマで成し遂げたメダリストだけに、豪快な人物であった。

しかし、その彼女でさえ、オリンピックの決勝前夜は初めて〈泳ぐのが怖い〉と感じ、湯飲みに梅酒を入れて一気飲みし、〈明日でなにもかも終わる〉と、眠りに落ちていた。

翌朝、聡子は自分の母校で、涼子も在籍した筑紫女学園の水月文英校長が墨でしたためた巻紙を開き、気持ちを落ちつかせた。

「無念無想《むねんむそう》で泳ぎなさい……」

日本国民からメダルの期待を一身に背負った聰子は当時二十二歳。世界の水泳界は若年化の波が押し寄せており、プレッシャーは一方でなかった。

十月十四日午後八時二十分、一万五〇〇〇人の大観衆が詰め掛けた代々木総合体育館プールに号砲が鳴り響き、女子一〇〇メートル背泳ぎ決勝がスタートした。

選手たちが浮き上がると、四コースのクリスティーヌ・キャロン（フランス。16）と、三コースのバージニア・デュンケル（アメリカ。17）が微《かす》かに前に出た。二人につづいたのが、七コースの白い帽子をかぶった聰子だった。

五〇メートルのターンは三人ほぼ同時。聰子のラップタイムは三二秒二。このままいけば、銅メダル以上が望めるとあって、スタンドでは浦上涼子や木原美知子が声を嗄《か》らしていた。

ところが、六〇メートルを過ぎてから、〝そばかす美人〟の異名を取るキャシー・ファーガソン（アメリカ。16）が猛烈な勢いで追い上げてきた。

レースは四人のデッドヒートになったが、聰子は最後に力尽きた。タイムは、一分八秒六。ローマオリンピックより二秒八も速く、自己ベストを〇・八秒も更新したが、四位に終わった。

金メダルは追い上げたファーガソン。銀メダルは先行したキャロン。二人とも伸び盛りの十六歳だった。

スタンドでは、

「おねえさんが負けた……」

と、涼子や美知子が大粒の涙を浮かべていた。

なぜか早く逝ったスイマーたち

涼子の長男・永輝が照れくさそうに打ち明ける。

「東京オリンピックが終わった直後のことです。母が福岡に帰ってくるとき、父は迎えにすっ飛んでいったんです。『きょうは浦上涼子さんが帰ってくるので、練習を休みます』と、野球部の監督に断ってね」

縄跳びの一件以来、二人は愛を育《はぐく》んでいたのであった。

オリンピックの二年後、涼子はタイのバンコクで開かれた第五回アジア大会に出場し、一〇〇メートル自由形で四位に入賞したが、記録は一分五秒七。優勝した美知子には、二秒五の大差を付けられ、この試合を最後に第一線を退くことに決めた。

涼子と数文が結婚したのは、一九七一年五月十三日。立て続けに二人の男の子を授かり、涼子は幸せな人生を歩み始める。

息子たちは、父親の数文が「八幡スカイホークス」という少年野球チームの監督をしていた関係で、野球にのめり込むようになる。

永輝が振り返る。

「ぼくがホームランを打つと、母は跳び上がって喜んでいました。水泳のほうは、自分がきつい練習をしたせいか、ぼくにやらせたくなかったのかもしれませんね」

それでも、涼子は水泳と縁を切らず、亡くなる二年くらい前まで、水泳教室のインストラクターを務めていた。

にわかに涼子がふさぎがちになったのは一九九〇年四月に祖母のアサエが胃がんで亡くなってからだ。

永輝がつづける。

「祖母の死に衝撃を受けたのでしょう。夜、独りで飲み歩いたり、煙草は吸わなかったのに、ぼくや弟の前で平気でプカプカしたり。精神状態が不安定になっていきました」

涼子は直線距離で五〇〇メートル離れた自宅とアサエの家を往復した。多い日は一日に三回も四回も行ったり来たりし、近所の人から奇異《きい》な目で見られた。実際、北九州市に行き、涼子が往復した道をたどってみると、急峻《きゅうしゅん》な山道で驚いた。

自宅は高台にあり、行きは赤い若戸大橋や青々とした関門海峡を望む下りだったが、帰りは上り坂と狭い階段がつづき、難渋した。

涼子は母・アサエに対し、どんな思いを抱きながら、この道を歩いたのだろうか。永輝によると、祖父は涼子が幼いときに戦病死し、アサエ一人に育てられたという。

「祖母は寮母さん（三菱化成＝現・三菱ケミカル）で、賄いの仕事をしており、料理が上手でした。母の口癖は『私が東京オリンピックに出られたのは、お母さんが栄養のバランスを考えて料理をつくってくれたからよ』というものでした」

アサエを想うあまり哀しみの持って行き場がなくなり、発作的に自殺をはかったのだろうか。それにしても、粘着テープを顔にぐるぐる巻きにしての死は尋常《じんじょう》でない。

永輝が母の訃報に接したのは、高校の卒業が近づき、神戸市の阿部企業で野球部のセレクションを受け、北九州に帰ってきたときだった。

「空白の三日間には、弟の運動会があり、いつもの母なら張り切って応援に駆けつけるのにと、不思議に思っていた矢先でした」

涼子の死にいちばんショックを受けたのは、父の数文であった。それまでも、それからも、店では酒を一滴も飲まず、焼鳥を焼きつづけ、二〇一七年九月に風呂場で倒れ、帰らぬ人になった。

「母が亡くなるまでは、東京オリンピックに出場した自慢の嫁でしたが、店で母のことを話題にすると、『そのことはしゃべるな』と烈火の如く怒りました。やっぱり、つらかったんだと思います」

店には、八幡西区出身の今永昇太《いまながしょうた》（横浜ＤｅＮＡ投手）のポスターが貼ってあった。父の影響で始めた野球がいまも好きで、今永の〝私設応援団長〟を務めているのだった。

世の中には偶然というものがあるものだ。店には、この本に登場したマラソンの君原健二が何度も訪れていた。君原の家もまた八幡西区にあった。

君原が述懐する。

「東京オリンピックに出場し、早く亡くなった方は少なくありません。水泳選手では木原美知子さんが五十九歳。ローマオリンピックの四×二〇〇メートルリレーで銀メダルを獲得し、東京オリンピックで旗手《きしゅ》を務めた福井誠さんは五十二歳で亡くなりました。私はオリンピックの重圧が無関係ではないのではないかと思っているんです」

元オリンピック選手という代名詞が、その後の人生にも重くのしかかったのだろうか。

木原や福井と親交があった聰子が打ち明ける。

「木原はお酒の飲み過ぎが原因とか言われたけど、真っ赤なウソ。クモ膜下出血で急死しましたから、根も葉もない噂が飛び交ったんでしょう。一カ月前から『頭が痛い』と私に話していて、その日（二〇〇七年十月十三日）、水泳教室中にプールで倒れたんです。運が悪く、土曜日の午後だったため、病院がどこも休みで手当が遅れたんです。彼女の場合は、働き過ぎが原因です。水泳の仕事に加えてタレントや実業家もこなし、忙しすぎたんです。福井さんのほうは、お酒の飲み過ぎで、肝臓を悪くし、亡くなりました」

涼子の自殺については、合点がいかないらしく、首をかしげた。

「立派な息子さんが二人もいたわけだし、こらえてほしかったわね。ただ、そんな苦しい死に方をするなんて、本人しか知らない特別の事情があったのかもしれないわね」

涼子が自殺する一週間前、電話で話したのは、同じ北九州市に住む前出の木村（中村）トヨ子である。

「涼ちゃんらしく、明るい声でね、黒崎駅前で食事する約束をしたんです。ですから、自ら命を絶ったと聞いて、信じられませんでした」

遺書がないうえに、事情を知る夫と兄が物故者となり、自殺の理由は永遠の謎になった。ただ、関係者に共通しているのは、オリンピックに出場する選手に育ててくれた母の死に衝撃を受け、精神的に不安定になり、母に殉じたのではないかということだった。

殉死を決意するに至る感謝の念の大きさは、第三者には窺い知ることができない。

田中聰子は東京オリンピックの二年後、第五回アジア大会で金メダルを獲得し、引退。翌年、結婚し、三女をもうけた。現在は東京・江戸川区で、喘息《ぜんそく》児童向けの「風の子水泳教室」を開き、今日に至るまで水泳と関わりつづけている。

その仕事がライフワークになったのは、長女が小学校一年生のときに喘息の発作に襲われたことがきっかけだった。

かつての〝水の女王〟は、強くたくましく生きていた。元気の源を尋ねると、こんな答えが返ってきた。

「水泳などの運動も大切だけど、人間は食べなきゃだめ。肉や魚だけじゃなく、野菜もどっさりね。あとは笑顔さえあれば人間は生きていけますよ……」

第五章

重量挙げの〝小さな巨人〟

メキシコオリンピックの表彰台に立つ
金メダルの三宅義信（中央）と弟で銅メダルの三宅義行（右）

I　三宅義信　〝貧乏物語〟

煮込みうどんとなめこ汁

三宅義信《みやけよしのぶ》を東京都中央区日本橋の事務所に訪ねたのは、二〇一八年四月上旬のことである。東京オリンピックの重量挙げ（フェザー級＝六〇キロ以下）で金メダルを獲得して五四年。前年秋に七十七歳の喜寿を迎えたはずだったが、東京国際大学のウエイトリフティング部監督など、いくつもの仕事を精力的にこなし、多忙を極めていた。

取材中、急な用件を思い出すと、女性秘書に命じた。

「ドレスコードを確認してくれ」

四月二十五日に開かれる園遊会《えんゆうかい》に招待されていたのである。

「昨秋、文化功労者に選ばれたとき、天皇・皇后両陛下から、『東京オリンピックのことはよく覚えていますよ』と声をかけてくださり、恐縮いたしました」

近刊の自伝『我が道』に、そのときのことを記している。

〈最後は得意のジャーク（筆者註＝肩の位置まで持ち上げ、立ち上がり、全身の力で差し上げる競技）。一回目の一四五キロのバーに手をかけた時、スタンドの皇太子ご夫妻（同＝当時）の姿が見えた。「これは国のために」……〉

そう誓い、ものの見事に成功させたのである。

「場所は渋谷公会堂でした。二階のロイヤルボックス最前列から、身を乗り出すようにしてご覧いただいたんです」

ほっとした義信がリングサイドに目を転じると、父・栄三郎（当時・62）、母・タケ（同・55）がいた。三宅がウエイトリフティングを始めて八年が経過していたが、両親が試合を観戦に来たのは初めてのことだった。

当時の新聞を見ると、タケの談話が紹介されていた。

「応援したいのはやまやまでしたが、旅費がないことが多かったもんで……」（「朝日新聞」一九六四年十月十三日）

義信によると、上京するだけでも、かなり無理をさせたという。

「飼っていた人事な豚を売り、旅費を工面《くめん》して応援に来てくれたんです。ですから、オヤジのためにも、オフクロのためにも、絶対に金メダルを獲得しなければならないと思っていました」

身長一五四センチの義信が日本人の栄えある金メダリスト第一号になったとき、メディアはこぞって「小さな巨人」と賞賛したが、彼の日常は極めて質素《しっそ》だった。

試合当日、義信の朝食は、納豆と大盛りのご飯。競技直前の昼食は、煮込みうどんとなめこ汁。彼を「小さな巨人」たらしめたものは、東北の寒村《かんそん》で培われた誰にも負けたくないという〝ハングリー精神〟であった。

新聞配達と母の「ありがとう」

一九三九年十一月二十四日、三宅義信は宮城県柴田郡村田町沼辺で生まれた。スキー場で知られる蔵王山麓《ざおうさんろく》にある、東北の米どころだった。産声を上げた場所は、馬小屋の藁《わら》の上である。

「おふくろの口癖は『産婆さんが間に合わず、おまえが勝手に出てきたんだ』というもの（笑）。おふくろ自身がヘソの緒《お》を切って結んだらしく、それが原因で出べそになったんだとね（笑）」

三宅家は一五〇〇坪の広い田畑を有する農家だったが、父の栄三郎はほとんど家にいなかった。

「毎年、春の田植が終わると、東京へ出稼ぎに行き、秋の稲刈りの季節に帰ってくる。そして、雪がちらつき始めると、また夜汽車で東京に向かうんだ。うちだけでなく、東北の家はみんなそうだったよ」

農作業は母・タケが中心になり、兄や姉たちが手伝ったという。

「俺は七人きょうだいの三男。上から美智子、重雄、稔、節子、俺、そして下に義行《よしゆき》（メキシコオリンピックの重量挙げ《フェザー級》銅メダリスト）と美智雄。本当は九人きょうだいなんだけど、すぐ上の明と、すぐ下の洋子は、幼いとき病気で亡くなったんだ」

先に登場した圓谷幸吉や依田郁子も、下の子を小さいときに亡くしている。圓谷は二人、依田は一人。いずれも戦争中で、今日のように緊急時の医療態勢が整っていなかったのである。

東京オリンピック当時、日本人男性の平均寿命は六十七歳。現在とは二十歳もの大きな開きがあった。

義信が沼辺小学校（現・村田第二小学校）の高学年になると、苦しい家計を助けるため、冬には新聞配達をした。ブロック紙の河北新報だけでなく、朝日、毎日、読売といった全国紙も配って歩いた。

一カ月の給料は五〇〇円。朝日新聞朝刊の購読料が、一カ月五三円から五五円に値上げされた年である。

「給料袋をもらったときは嬉しかったね。でも、もっと嬉しかったのは、吹雪《ふぶき》の中を配達して帰ってきて、『ありがとう。寒かったろう』という母の言葉。『ありがとう』は、一番美しい日本語だと思ったよ」

義信は沼辺中（現・村田二中）から大河原高（同・大河原商）に進学し、ひょんなことからウエイトリフティングにのめり込む。

「高校二年の秋でした。メルボルンオリンピック（一九五六年）のラジオ中継を聞いていたら、『高校生の古山征男が八位です』というアナウンスが流れ、触発されたんだ」

重量挙げは夏に近隣の柴田農林高へ行き、見たばかりだった。古山が通う平工業高は、お隣の福島県。三宅が生まれ育った村は福島との県境だけに、持ち前の負けん気に火が付いたのである。

一念発起し、柴田農林高に通ってトレーニングを開始した義信は、すぐさま頭角《とうかく》を現す。地元の宮城県で行われる高校総体に出てみろといわれ、その気になったのである。

〈ルールすらよく分からないままフライ級（五二キロ以下）で出場した生涯最初の大会で、トータル一七七・五キロを挙げ三位。成績以上に記憶に刻まれるのは、私のいでたちだったろう。ウエアはもちろんシューズも持っていないし、買う金もない。ももひきに足袋《たび》で出場しようとしたら、役員からクレームがついた〉（前掲書）

大会委員長の高橋弘夫（宮城県ウエイトリフティング協会初代会長）のもとに連れて行かれると、義信らしく堂々と訴えた。

「うちは貧乏なので買えないんです。会長さん、買ってくれませんか」

高橋は目を剥《む》いたが、懐の深い人物だったようで、ウェアとシューズを買い与えている。

彼は才能を見抜いていたのだろう。その後も義信に経済的援助を欠かさなかった。高橋が脳《のう》溢血《いっけつ》で亡くなったのは、一九六四年八月十四日。東京オリンピックの二カ月前のことである。義信の金メダル獲得を見ることなく逝ったのである。

義信が強調する。

「高橋さんは、人生最大の恩人です」

デートの食事は一五円の素うどん

好きなウエイトリフティングをつづけるためには、大学進学以外の道がなく、義信は重量挙げの実績がある法政大学を選んだ。栄三郎に「大学にいきたい」というと、父らしい答えが返ってきた。

「学費は出せんが、米だけは送ってやる」

義信は四万五〇〇〇円の入学金を稼ぐため、いくつものアルバイトを掛け持ちし、不眠不休で働いた。

「いちばん実入りが良かったのは港湾労働者のバイト。竹芝桟橋《たけしばさんばし》から船に乗り、沖合に停泊している船の積み荷を運ぶんだ。塩や砂糖などを詰めた重さ三〇キロのずだ袋を両手に持ち、恐る恐る桟橋を渡る。海に落ちたら、ひとたまりもなかったろうな」

初代横綱・若乃花（二子山理事長）も、北海道・室蘭の港湾労働者として働き、足腰を鍛え、大技〝仏壇返《ぶつだんがえ》し〟を生み出している。

義信は汗水垂らして働いただけに、晴れて入学が決まり、学生証を受け取ったときは、うれしくてたまらなかったという。

それからもアルバイトの日々はつづいたが、人生が灰色だったわけではない。大学二年のとき、ロマンスが生まれる。

千葉県の船橋ヘルスセンターに行った際、友人の結婚相手の紹介で、三歳年下の五十嵐恵子（現・夫人）と知り合うのである。彼女は砲丸投げの経験があるスポーツウーマンで、話に花が咲いたのだという。

「俺は背が高い女性と結婚したかったんだ」

恵子の身長は一六五センチ。三宅より一一センチも高かった。

彼らしいというべきか、その後デートをして食事をする際は、いつも大学の学食だった。

「素うどんが一五円だったのを覚えている」

どうやら、義信が麺を食べ、恵子が残りのスープを飲んだようだ。後年、披露宴の費用を捻出できず、式はフジテレビの「テレビ結婚式」で挙げている。前出の依田郁子もまた、経済的理由から華燭の典は「テレビ結婚式」であった。

義信は貧乏学生だったが、思い切った投資もした。ウエイトリフティングの理想的フォームを追い求め、一万五〇〇〇円もする八ミリカメラを買うと、すぐに効果が出た。一九五八年十月の富山国体でトータル二八二・五キロを挙げ、日本記録を更新。一躍ローマオリンピック（一九六〇年）の星になったのである。

現地ローマで行った長期合宿では、こんなことがあった。プロレスラーとして名声をほしいままにした力道山《りきどうざん》が、新聞社の企画で練習場に現れたのである。

「一四〇キロのジャークの練習しているときでした。『ちょっと持ってもいいかい？』と力道山が近づいてきて、片手で挙げようとしたんだ。内心、力道山は凄《すご》いと思ったが、さっぱり挙がらない。両手でやってみても、びくともしなかった。それで、『三宅さんは凄いの挙げるんですね。ぜひ金メダルを獲ってください』と激励され、こっちのほうが恐縮したくらいだ」

ローマオリンピックはバンタム級（五六キロ以下）にエントリーしたが、最初の「プレス（押し上げ）」で一〇二・五キロを二回連続失敗。「スナッチ（引き上げ）」も一〇五キロにとどまり、得意の「ジャーク」で逆転を狙ったが、一三五キロを二回失敗。三回目に挙げたが、銀メダルに終わった。

義信は悔しさのあまりローマに残り、東京オリンピックで金メダルを獲得するための長期計画を立て、宮本武蔵《みやもとむさし》のような「一四六〇日の行」を自らに課したのだった。

両手に花

それから四年の歳月が流れた。

義信が満を持して東京・代々木にあるオリンピック選手村に入ったのは、一九六四年十月一日。エントリーしたフェザー級（体重六〇キロ以下）の試合が行われる十一日前だった。

窓を開けると、試合会場の渋谷公会堂が見えた。竣工に向け、最後の突貫《とっかん》工事が行われていた。

「みんな頑張っているな。おれも頑張らないと……」

肉体労働のアルバイトをしながらウエイトリフティングをつづけてきた義信の目には、工事現場で汗を流す男たちの姿が同志のように映った。

その頃、彼は試合に向けてセルフコントロールしていた。

「本番が近づけば近づくほど、普段どおりの生活をし、リラックスするように心がけました」

金メダルの重圧がのしかかったのは、重量挙げが大会前半に組み込まれたからにほかならない。

「東京オリンピックの日程が決まったのは、ローマの二年後。ウエイトリフティングは第一回のアテネ（一八九六年）から実施されているが、すべてが大会後半。ローマ後は無敵だったから、俺の金メダルで日本選手団の弾みをつけようとしたんだ」

開会式二日前の十月八日、義信は外泊届を提出し、埼玉県川越市に向かった。のちに夫人となる恵子の実家だった。二人の付き合いは家族ぐるみになっており、恵子と母・ヒデがつくる家庭料理に舌鼓《したつづみ》を打った。

東京地方は八日から九日にかけ、それぞれ三八ミリ一七ミリの雨が降った。

「土砂降りの雨でした。風も強く、まるで嵐のようでした」

九日は渋谷の映画館に駆け込み、勝新太郎主演の「座頭市《ざとういち》」を見た。

何度もいっしょに映画を見た恵子が、週刊誌に告白している。

〈「……ボロボロ涙をこぼすんですよ。私なんかちっとも悲しいシーンじゃないのに、彼は〝目にゴミが入ったんだ〟なんて見え透いたウソをついて泣くんです。優しいひとなんです。力持ちのくせに……」〉（『週刊女性』一九六四年十月二十八日）

一転、翌十日の開会式は日本晴れだった。

「開会式が十月十日になったのは、過去何十年の気象データを調べ、雨が降らない日を選んだんだ」

義信が感動したのは「君が代」斉唱後、航空自衛隊（曲技飛行隊）が紺碧《こんぺき》の空に描いた五色の輪だった。

「開会式は国の文化を表すイベント。五大陸を表す青、黄、黒、緑、赤の五色の輪を描き出し、日本は世界に平和をアピールしたんだ」

義信が自衛隊体育学校に入校したのは、二年前のことだった。

当夜、三宅はコーチ陣と雀卓《じゃんたく》を囲み、夜更かしした。あえて寝不足にし、試合前日に熟睡するためであった。

計算どおり、試合当日は朝六時に目が覚めた。一時間散歩し、体重が五九・五キロであることを確認し、もう一度寝て、昼過ぎに起きた。ガムを三枚嚙むと、体重が五九・三五キロまで落ちた。

「ガムを嚙むと、唾が出るので、体重が一〇〇グラムほど落ちた。同じ重量を挙げたら、体重の軽いほうが勝つんだからな」

代々木の選手村から渋谷公会堂まで徒歩で向かい、計量すると、五九・三キロ。最大のライバル、アイザック・バーガー（アメリカ）は五九・六キロだった。

計量後、先に記したように、煮込みうどんとなめこ汁で食事をすませ、また横になり、午後四時に目を覚ました。合計一〇時間の睡眠は、義信のベスト。

フェザー級の「プレス」は五時に始まった。

「ジャパン。ヨシノブ・ミヤケ」

名前がコールされたのは、六時近かった。

「東京オリンピックでいちばん印象に残っているシーンは、この瞬間でしたね。ついに来た。やっと俺の出番が来たという気持ちだった」

前述したように、観客席には、両親がいた。

〈……父・栄三郎と母・タケが心配そうな顔をしているのが見えた。その瞬間、我に返った。「これはオフクロのために挙げてやる」。一礼し、いつものように指でバーのグリップ位置を決め、握った。そのバーが吸い付くような感覚があった。調子がいい時の感触だ。一一五キロを味わうように挙げ成功した。二回目の試技は一二〇キロ。「これはオヤジのため」〉（前掲書）

と、次々に成功させた三宅は、最後の「ジャーク」に挑んだ。重さは宿敵バーガーと同じ世界記録の一五二・五キロ。それをものの見事に挙げ、成功を示す白いランプが三つ点灯。金メダル獲得を決めた。

表彰台の真ん中に立ち、君が代が流れ、日の丸が揚がった時刻は、午後九時過ぎ。会場に皇太子ご夫妻と両親の笑顔があったのはいうまでもない。

大会終了後、義信は恵子との婚約を発表。まさに両手に花であった。

II 三宅義行と宏実 〝父娘メダリスト〟の真実

父の優しい眼差し　娘の愛らしい笑顔

重量挙げの〝父娘メダリスト〟、三宅義行（72。メキシコオリンピック銅メダル。現・日本ウエイトリフティング協会会長）と、三宅宏実《ひろみ》（32。ロンドンオリンピック銀メダル。リオデジャネイロオリンピック銅メダル）に会った場所は、東京都北区にある「味の素ナショナルトレーニングセンター」であった。

通称「味の素トレセン」は、トップアスリートの国際競争力アップのために造られた国立のトレーニング場で、四四八名が合宿できる宿泊施設（アスリートヴィレッジ。大浴場付き）も併設されていた。

約束時間の五分前に着くと、受付で黒いTシャツを着た案内係の若い男性が待っていた。小柄だが上体の筋肉が盛り上がっており、一目でウエイトリフティングの選手とわかった。

「こちらです、どうぞ」

トレーニングセンター内は一切表示がなく、迷路のようにつくられていた。利用者には有名選手がひしめいており、セキュリティ対策に万全を期しているのだった。

エレベーターに乗り、地下に下りると、ウエイトリフティングの練習場があった。

中に入ると、学校の体育館のように広々としており、四メートル四方のプラットフォーム（演技台）が一四面（正規競技一、測定用一、練習用一二）もあり、それらを取り囲むように、赤、黄、青など色取り取りのバーベルが並んでいた。

練習場のいちばん奥に、三宅父娘の笑顔があった。デスクを挟み、向かい合わせに座った二人と挨拶を交わし、インタビューが始まった。

三宅宏実

取材は予定をオーバーし、長時間に及んだが、義行の優しい眼差《まなざ》しと、宏実の愛らしい微笑に変化はなかった。まさに〝慈父〟と〝愛娘〟と呼ぶにふさわしい親子であった。

三宅宏実の名前に、「宅」、「宏」、「実」とウ冠が三つも付いたのは、宏実が生まれた一九八五年、プロ野球のセ・パ両リーグで三冠王が誕生したからだった。落合博満（ロッテ）と、ランディ・バース（阪神）である。

「私が大の野球ファンだったんです」（義行

「ですから、私が目指すのは三冠王。ロンドンは銀、リオは銅でしたから、東京では金メダルがほしい」（宏実）

過去、いろんなアスリートに取材してきたが、これほど睦《むつ》まじい親子には会ったことがない。

二人は、東日本大震災後、義行の生まれ故郷である宮城県をはじめ、岩手県、福島県など東北各地を訪ね歩き、様々な支援活動を行っている。

三宅義行と宏実は、人も羨《うらや》む仲良し父娘であった。

母・タケと野菜の行商に

三宅義行は一九四五年九月三十日、七人姉弟の四男として、宮城県柴田郡村田町沼辺で生まれた。農家のため、子供の頃の遊び場所は、いつも田圃だった。

「刈り入れが終わると野球で、冬場は〝下駄《げた》スケート〟。水を張って凍らせ、その上を滑っていました」

重量挙げを始めるきっかけは、六歳年上の義信（三男）がローマオリンピックで銀メダルを獲得したことだった。

「兄にできたので、もしかすると、自分もできるかもしれないという漠然とした気持ちからでした。野球は肩が強くないとダメだし、スケートは靴などでお金がかかる。兄に似て、背が低く、体重は四五、六キロしかなかったので、相撲をしても振り回された。柔道もやってみたが、軽量級でも六〇キロ以下なので、自分より一回りも二回りも大きいやつに投げ飛ばされて面白くなかった」

結果、たどり着いたのが重量挙げであった。

「初めてウエイトリフティングの模範演技を見たのは、学校のグラウンドだったので、しばらくはアウトドアのスポーツだと思っていたんだ（笑）」

兄と同じ大河原高校（現・大河原商業）に進学すると、ピカピカのバーベル一式が待っていた。オリンピック銀メダリストの母校にバーベルがないのは恥ずかしいと、ＯＢ会が新品を寄付してくれたのである。

「ちゃんとしたクラブもでき、相撲の経験がある先生が顧問になったんですが、部員が一人もいなかった。顧問の先生が学校の担任でしたから、『おまえも、兄貴のようにやらんか』と口説かれたんです」

義行によると、父・栄三郎も母・タケも、〝肉体派〟、〝パワー派〟だったという。

「おやじは働くことが趣味のような男で、東京へ肉体労働に行き、盆《ぼん》と正月しか帰ってこなかった。おふくろのほうは畑で収穫した野菜をリヤカーに積み、行商に出た。ぼくもキュウリ、ナス、トマトなど、旬《しゅん》の野菜を積み込み、リヤカーを押し、お得意さんとおふくろが商談を始めると、一人で帰ってきた」

そんな両親の背中を見て育っただけに、兄同様、新聞配達などは苦にならず、法政大学進学後も、肉体労働をつづけている。

「母は七十九歳で亡くなりましたが、父はとことん働き、九十三歳まで生きました。明治生まれですから、大変な長寿でした」

〝スポーツと政治〟オリンピック悲話

一九六四年八月十五日、東京オリンピックの選考会を兼ねた全日本選手権が岩手県江刺《えさし》市（現・奥州市）で開かれ、義行はいちばん軽量のバンタム級（五六キロ以下）に出場したが、三位に終わり、オリンピックの出場権を逃した。一位は一ノ関史郎（東京オリンピック・銅メダリスト）で、二位は古山征男（同・六位入賞）であった。

義行が振り返る。

「まだ十九歳で、キャリアも練習量も足りなかった。ウエイトリフティングを始めてたった三年ですから、体ができていなかったんです」

兄の義信は一階級上のフェザー級（六〇キロ以下）に鞍替《くらが》えし、トータル三八七・五キロを挙げ、世界新記録を樹立。その勢いを駆って本番でも金メダルを獲得した。

義行が述懐する。

「私と兄は背格好こそ似ていましたが、筋肉の質が正反対でした。私は硬かったが、兄は柔らかかった。加えてスピード、パワー、技術。さらには不撓不屈《ふとうふくつ》の精神があった。兄はウエイトリフティングをするために生まれてきたような男でした」

それまで義行の話を静かに聞いていた宏実に、筋肉の質はどちらかを尋ねてみると、意外な答えが返ってきた。

「わたしは、柔らかいんです。母のほうに似たんです（笑）」

母の育代《いくよ》は、大阪の相愛大学音楽学部出身で、ピアノ一筋の青春を送ったらしく、宏実も幼少の頃に習ったという。

ピアノを弾くと、リズム感が生まれ、ウエイトリフティングにも役立ったのではないかと思ったが、宏実が答える前に、義行が横から口を挟んだ。

「ない、ない。全然ない（笑）」

宏実の顔色をうかがい、義行は慌てて付け加えた。

「娘は柔軟性に加え、技術もパワーもあったが、私が持っていたのは根性だけでした（笑）」

義行はその根性をいかんなく発揮し、メキシコオリンピックでは一階級上のフェザー級にチャレンジし、東京の仇を討つ。

一九六八年七月十二日、メキシコオリンピックの代表選考会を兼ねた全日本選手権に出場し、義信と一、二位を独占。兄弟揃ってのオリンピック出場を決めたのである。

生まれ故郷の宮城県柴田郡村田町で壮行会が開かれることになり、二人が里帰りすると、母のタケはあえて〝二枚舌《にまいじた》〟を使って励ました。義信に対しては「あんたは東京で勝ったのだから、今度は弟に金メダルを譲《ゆず》りなさい」と言い、義行に向かっては「あなたは若くて次があるのだから、今回は兄に花を持たせなさい」と語ったのだ。

二人が〝二枚舌〟の真実を知るのは、後年のことである。

一九六八年十月十四日、標高二二四〇メートルのメキシコシティーでフェザー級の試合が始まった。計量は義行が五九・三キロ。義信が五九・五キロ。二人のライバルと目されたソ連のシャニーゼは六〇キロジャストであった。

最初の「プレス」(押し上げ)は、義行と義信が一二二・五キロを挙げ、トップに並んだ。二番目の「スナッチ」(引き上げ)は義信がリードし、義行はシャニーゼと並んで二位。勝負は、最後の「ジャーク」(差し上げ)」にもつれ込んだ。

そのときのことを、義信は自伝『我が道』に書いている。

〈ここで予想外のことが起きる。弟は二回目の試技で一四七・五キロに成功したかに見えたが、あまりの喜びで頭上からドーンとバーベルを落としたことを反則とされるのだ……〉

義行に確認すると、事情がいささか違った。

「バーベルは、みんな頭上からドーンと落としている（笑）。当時は東西冷戦の時代でした。メキシコオリンピックの審判構成は、東側が二人で、西側が一人。そのため、判定がソ連有利に働き、私の試技が反則になったんです。スポーツと政治。この二つは切っても切れない関係にあるんですよ」

義行は三回目に一四七・五キロを挙げ、銅メダルを確保したが、半世紀を経たいまも、心に負った傷は癒《い》えていない様子だった。

突然の家出　沖縄に向かった宏実

三宅宏実は一九八五年十一月十八日、埼玉県新座《にいざ》市で生まれた。すくすく育ち、小学校時代は、先述したように母・育代からピアノを教わり、新座市立第二中学に進むと、軟式テニスを始めた。

宏実がくすっと笑った。

「好奇心だけでソフトテニスをやったので、結局、ルールがよくわからないまま終わってしまいました」

ウエイトリフティングを始めたのは、中学三年のときだった。

「高校受験を控え、将来の進路について悩んでいました。何をやっても中途半端に終わり、人と違うことをしたいと思っていました。そんな矢先、シドニーオリンピック（二〇〇〇年）のウエイトリフティングをテレビで見たんです」

女子の重量挙げが初めてオリンピックの公式種目になった大会で、ビビッと電気が走るような感覚があったという。

「二人の兄（長男・敏允《としみつ》、次男・敏博《としひろ》）のウエイトリフティングを幼少時代から見ていたので、こういう感じかなあと想像していましたが、実際にやったことはありませんでした。本当の面白さを知るのは、父から手ほどきを受けてからです」

義行が振り返る。

「最初は家の台所でやりました。古いシャフトや、軽めのハイクリーン（床から肩の高さまで上げる筋トレの一種）を使って、家を壊さない程度にね。なにしろ、次男が重いものでやって床が抜けたことがありましたから（笑）」

伯父が金メダリスト、父が銅メダリストというサラブレッドとあって、宏実はすぐに頭角を現す。次兄・敏博と同じ埼玉栄高校に進学すると、全国高校女子選手権（二〇〇二年八月）の五三キロ級で大会記録をつくり、優勝。翌年の全日本選手権では、敏博と兄妹優勝を成し遂げる。

二〇〇四年五月、アテネオリンピックの代表選考会を兼ねた全日本選手権に出場すると、四八キロ級で優勝。父娘二代のオリンピック出場をはたした。宏実、十八歳の春だった。

義行が細い目をさらに細めた。

「私の場合は目先のオリンピックに照準を合わせ、失敗を重ねた。ですから、宏実には一二年の長期計画を立てた。この競技は心技体《しんぎたい》が充実する年齢が二十六歳から二十八歳。そこにピークを持っていける作戦を練ったんです。アテネは通過点だと思っていたが、運良く出場権を得た。ですから、宏実はぼくの失敗から生まれた〝宝物〟なんです」

父が娘を〝宝物〟と呼ぶのは、想いの深さゆえであろう。

幸運な初オリンピックは九位に終わったが、義行は冷静に受け止めた。

「ウエイトリフティング女子で、宏実は唯一の日本人。たった一人でアテネに行ったんです。同室の女性は、バスケットボール・アシスタントコーチの萩原美樹子さん。とてもいい人だったんですが、宏実が多くを食べられないのに対し、萩原さんは好きなだけ食べられる立場。そういうことも含めてオリンピックなんですが、万全の状態で試合に臨めなかった」

力を発揮できなかった最大の理由は腰痛であったらしい。

義行が重量挙げの難しさを語る。

「ウエイトリフティングというのは、ほかの競技と違って筋肉を休め、身体を労らなくてはいけない。休むことも〝行〟なんです。一生懸命やっても、試合で挙がらなきゃ意味がない。練習のための練習はいらない。試合のための練習をし、一瞬の勝負に懸《か》ける。それが重量挙げなんです」

取材で訪ねた日は、休みの日だったが、特別の事情で来ている選手が数人いて、トレーニング場の空気は終始張り詰めていた。

デスクのそばの柱には、張り紙があり、こんな言葉が記されていた。

〈鍛錬は千日の行。勝負は一瞬の行〉

『五輪書』(宮本武蔵)の一節であった。

捲土重来《けんどちょうらい》を期した北京オリンピック(二〇〇八年)だったが、スナッチ八〇キロ、ジャーク一〇五キロのトータル一八五キロを挙げ、六位に入賞したものの、メダルの獲得はならなかった。

そのとき、宏実は悔し涙を流した。

「いままでメダル、メダルといってきたことが恥ずかしい。限界までチャレンジしましたが、いままでウエイトリフティングをやってきた中で、いちばん悔しい」

コーチの義行は、報道陣に体重調整に失敗したことを明かした。

前日夜は体重四八・一五キロで、当日朝五時は四七・七キロ。ところが、精神的プレッシャーからか、競技二時間前の八時の検量は四七・三五キロ。

そのため、スナッチの一回目は八〇キロに抑えて成功したが、二回目と三回目は八二キロに失敗。得意のジャークも、一回目に一〇五キロを挙げたが、足もとがふらつき、成否の判定が割れた。

会場の北京航空航天大学体育館で見守っていた母の育代は、記者に話している。

「ずっと見てきたが、娘のこんなジャークは初めてです……」

宏実がきりっとした顔で一〇年前を振り返った。

「父に頼りきりで、精神的に未熟でした。そういうところをしっかりしないとオリンピックでは戦えないということです」

北京後も、試練が待っていた。今度はケガだった。股関節痛《こかんせつつう》に襲われ、思うように練習できなくなったのである。

「肉体的苦痛だけでなく、ストレスがたまりにたまりました。加えて、恵まれた私生活。何もかもイヤになり、独りになりたいと思い、家に長文の書き置きを残し、家出したんです」

向かった先は沖縄。三宅宏実、二十三歳の春であった。

宏実〝自分探しの旅〟

宏実によると、練習のルーティーンをめぐり、父の義行と行き違いがあったという。

「毎日、父に家と練習場の送迎をしてもらい、指導を受けたんですが、期待に応えられなかった。父はすごく繊細《せんさい》な人なんですが、私のほうは大雑把《おおざっぱ》（笑）。そんなところから、ストレスが溜まりに溜まったんです」

義行が〝慈父〟なら、育代は〝慈母〟であった。

「母も、私の体のことを考え、毎日マッサージしてくれるうえに、一日に小鉢が食卓に三〇品目も並ぶほど、栄養のバランスを考えて料理をつくってくれました。恵まれ過ぎていたんです」

実家には自分の部屋があったが、息が抜けず、どこかに解放感を味わいたいという気持ちがあったのかもしれない。

「黙って出ていくと、大騒ぎになると思ったので、母にだけは書き置きを残しました」

家出先に沖縄を選んだのは、ウエイトリフティングの大先輩、平良《たいら》真理（旧姓・仲嘉《なかが》。当時36）がいたからだった。平良は女子重量挙げが初めてオリンピックの正式種目になったシドニーで、五三キロ級の七位に入賞した先駆者であった。

「ふ、ふ、ふ。ひとりで来たな」

平良は笑顔で宏実を迎えたという。それまでに何度かメールがあり、この日が来ることを予期していたらしかった。彼女は日体大卒業後、沖縄工業高校の教員になり、女子ウエイトリフティング部を立ち上げている。沖縄に重量挙げを根付かせた功労者であった。そのため、バーベルなどの練習用具一式が揃っていた。

宏実は家出をしても、練習は欠かしたくなかったのだ。

「全日本選手権が近づいていましたからね、大会に備えて練習だけはきちんとしたいと思っていました」

家出の理由は、父との正面衝突かと思ったが、義行は否定した。

「はっきり言うと、年頃の女の子なら誰でも経験する〝自分探しの旅〟ですよ。家内は心配していましたが、沖縄のウイークリーマンションを借りたと聞いて、私はほっとしました。そうか、自分で料理もしてみたいんだなあとね」

一週間後、宏実は平良に、

「私は三宅家の娘だから、やっぱり家に帰る」

と告げ、沖縄を後にした。束の間《つかま》の〝自分探しの旅〟だった。

それから間もない七月四日、全日本女子ウエイトリフティング選手権大会が、さいたま市記念総合体育館で行われ、宏実は五三キロ級に出場。沖縄でみっちり練習しただけに、「スナッチ」（引き上げ）は八五キロ、「ジャーク」（差し上げ）は一一〇キロ。トータル一九五キロの日本新記録で優勝したのだった。

ロンドン銀で帰りはビジネス

二〇一二年夏、宏実はコーチの義行といっしょに成田空港からロンドン行きの飛行機に乗り込んだ。彼女にとっては、アテネ（九位）、北京（六位）につづく三度目のオリンピックだった。

「おーい、こっちだ。こっちだ」

一足先に乗り込んだ義行は、隣が空いている席を確保し、宏実を呼んだ。成田からロンドンまで、直行便でも一二時間半。用意されたのは狭いエコノミークラスとあって、隣りが空席で横になれる席を確保したのである。

義行は宏実のロンドンオリンピックを、重量挙げ人生の集大成と位置づけていた。

「この競技のピークは二十六歳から二十八歳ですから、宏実が二十六歳になるロンドンに狙いを定めたんです」

宏実も力が漲《みなぎ》るのを感じていた。

「過去のオリンピックで、心・技・体がいちばん充実していたのがロンドンでした」

とりわけ〝心〟の充実度が大きかった。

転機は、前年春。東日本大震災のニュースをテレビで見て、出先からトンボ返り。すぐさま宮城県柴田郡村田町にある父の実家に一緒に向かったのである。

「実家は屋根瓦が吹き飛び、壁が崩れ落ちていました」（義行）

二人は東北各地を回り、被災者を激励して歩いた。

「でも、力をいただいたのは、私のほうでした」（宏実）

宏実は多くを語らないが、被災地の子供たちに名前を秘して文房具、Tシャツ、運動靴などを贈ったらしい。自分が恵まれた立場にいることを感じ、何かしないではいられなくなったのである。

七月二十九日、宏実は万全の状態で〝霧の都〟ロンドンの会場に乗り込んだ。

「ロンドンでは欲張らないことを考えて試技に臨みました」

「スナッチ」一回目の八三キロは日本タイ記録。二回目の八五キロと三回目の八七キロは日本新記録。いずれも二キロずつの増量にとどめ、成功。「ジャーク」に備えた。「スナッチ」ではトップに立てなかったが、焦《あせ》りはなかった。

「ジャーク」は一回目に一〇八キロを挙げ、二回目が日本新記録の一一〇キロ挑戦と決まると、義行が宏実に耳打ちした。

「これを挙げたらメダル確実だぞ」

この言葉に奮い立ち、宏実は一一〇キロを挙げ、トータル一九七キロ。王明娟《おうめいけん》（中国。トータル二〇五キロ）には及ばなかったが、二位を確保し、銀メダルを獲得。女子重量挙げのメダルは史上初という快挙であった。

宏実は嬉しさのあまり、父の胸に飛び込んでいる。

「でかした、でかした」

義行は例によって細い目をさらに細くし、宏実の背中を何度も叩いた。

オリンピックの〝親子メダリスト〟は、体操の相原信行と豊、塚原光男と直也に次ぐ三組目だったが、個人種目では初めて。特筆すべきは、かつてない〝父娘メダリスト〟ということだった。

宏実によると、日本に帰る際、思わぬサプライズがあったという。

「メダルを獲得し、帰りの飛行機がエコノミーからビジネスに替わっていたんです。座席は広いうえに、料理がフルコース（笑）。メダルをとるのと、とらないとでは、天と地の差があるなあと思いました」

リオ銅で帰りはエコノミー

悲願《ひがん》のメダルを獲得した宏実だったが、その後も試練に見舞われる。左膝や腰のケガもあったが、それ以上に大きな痛手は、長年コーチを務めてきた義行と距離を置かなくてはならなくなったことだ。

義行が打ち明ける。

「ロンドンまではマンツーマンで宏実を指導できたんですが、それ以後は不可能になりました。というのも、ロンドンが終わった年の十一月にナショナルチームの監督になりましてね。周りの見る目もありますから、娘だけを特別扱いできなくなったんです」

いわゆる親の子離れ、子の親離れが求められたといっていい。

「直接指導したくても思うようにできない。練習メニューなどはメールでやり取りできるんですが、本番の競技はもどかしさが募《つの》りました」

二〇一六年夏のリオデジャネイロオリンピックは、二人のコミュニケーション不足がピンチを招いたと言っていいかもしれない。

八月六日、女子四八キロ級に名乗りを上げた宏実だったが、最初のスナッチで躓《つまず》いた。自己ベストより六キロも少ない八一キロを一回目と二回目に失敗したのである。

三回目は尻餅をつきそうになりながら、寸前でこらえ、なんとか八一キロを挙げたが、順位はトップから一一キロ差の十二人中八位。

監督という立場上、宏実と距離を置いていた義行だが、このときばかりは宏実に歩み寄り、耳元に囁いた。

「大丈夫。ジャークで一〇七キロを挙げれば、表彰台は狙える」

金メダルを断念し、銅メダル狙いでいくよう助言したのである。

一回目は読みどおり一〇五キロを成功し、二回目に一〇七キロにチャレンジしたが、肘が膝に当たったと判定され、反則を取られた。先述したように、義行は判定に泣いたメキシコオリンピックの悪夢が甦《よみがえ》ったが、宏実はここで真価を見せる。追い込まれれば追い込まれるほど力を発揮するのが、彼女の彼女たるゆえんだ。

「メダルなしで終わったら、日本に帰れない」

強い気持ちで三回目に再び一〇七キロに挑戦。持ち上げるとき、いつもより時間がかかったが、必死の形相で差し上げ、成功した。直後、義行は雄叫《おたけ》びを発し、プラットホーム（試技する場所）に駆け寄った。四位・ピロン（ドミニカ共和国）とは一キロ差、五位・エリセイエワ（カザフスタン）とは二キロ差のブロンズメダルだった。

宏実は報道陣に囲まれると、感無量《かんむりょう》の面持ちで語った。

「ロンドンのときとは年齢が違うので、メダルの重みが違います。色は銅ですが、ロンドンの銀より嬉しい」

その思いが、バーベルにハグし、頬擦りするというパフォーマンスを生んだのである。

このときの笑顔がテレビを見ていたお茶の間の感動を呼び、「もっとも笑顔が輝いている著名人」に贈られる〝ベストスマイル・オブ・ザ・イヤー2016〟を受賞した。

伯父の三宅義信に取材したとき、宏実のベストパフォーマンスを、こう力説した。

「宏実の強い筋力と精神力は、持って生まれたもの。土壇場の力こそ、三宅家のDNAですよ」

余談だが、銅メダルを獲得したにもかかわらず、帰りの飛行機はビジネスでなかった。

義行が苦笑する。

「本来はそうなんですが、なぜかエコノミーでした」

リオから日本への直行便がなく、手配が難しかったのかもしれない。

「リオからニューヨークまで一〇時間。ニューヨークから日本まで一三時間。そのため、ニューヨークで乗り換えるとき、東京に連絡すると、ビジネスの手配をしてくれました」

宏実が相好を崩す。

「おかげで、またフルコースを堪能《たんのう》することができました」

父娘の夢は「金メダル」と「結婚」

三宅義行と宏実にインタビューした半月後の二〇一八年五月二十五日、わたしは北陸新幹線で石川県金沢市に向かった。「いしかわ総合スポーツセンター」で行われる〈平成三十年度・

第三二回全日本女子ウエイトリフティング選手権大会〉に、宏実が出場するからだった。

取材した際に宏実が語った言葉が印象に残っていた。

「この二年半、椎間板ヘルニアで苦しんできましたけど、筋肉は良いときを記憶していると思うので、二〇二〇年の東京オリンピックをめざしたい。そのためにも、金沢で行われる全日本で弾みをつけたいんです」

午前十一時四五分、女子四八キロ級にエントリーした一一人の選手が会場に入ってきた。その中に宏実もいた。会場の背後にある大型スクリーンに大写しになると、半月前と違い、髪は短くカットされ、色も茶色になっていた。

女子四八キロ級の「スナッチ」は、一回目から七〇キロを超えるレベルの高い戦いになった。糸数加奈子（自衛隊体育学校）が七二キロを成功すると、高橋いぶき（金沢学院大学）は七三キロをクリア。すると、柳田瑞季（九州国際大学・職員）も、同じ七三キロにチャレンジし、挙げた。

試技に成功し、バーベルを落としたときのドスンという音が、選手の勝ち鬨といってよかった。

ここで、しんがりに控えた宏実が登場し、高橋や柳田より一キロ重い七四キロに挑んだ。

「いきます！」

宏実は鋭い一声を発し、一気に挙げてみせた。白いランプが三つ点灯し、スクリーンに「GOOD LIFT」という文字が躍った。

ウエイトリフティングの醍醐味《だいごみ》は、こうした駆け引きにあった。力だけの競技に思われがちだが、実際は頭のスポーツなのである。

二回目は熾烈《しれつ》さを増した。糸数が三キロも上げて七五キロを成功させると、高橋はさらに一キロ重い七六キロをクリア。彼女は髪が長く、ほっそりした体格の選手だったが、現役の大学生らしい若々しさがあった。宏実も同じ七六キロを楽々挙げ、余裕を感じさせた。

最後の三回目は、柳田と糸数が連続して失敗したが、高橋だけは強気に七八キロを通告し、クリア。すると、宏実も同じ重量を選択した。

「いきます！」

再び声を発し、バーを握ったときだった。珍しく握《にぎ》り直し、不安を感じさせたが、若干ぐらついたものの成功。安堵《あんど》の笑みをもらした。

「スナッチ」が終わり、宏実と高橋が七八キロで並んだが、体重差で宏実は二位。競技開始二時間前の検量で、宏実が四七・九八キロに対し、高橋が四七・五〇キロと軽かったからである。

十二歳年下の高橋は、宏実が競技前から警戒していた選手だった。

「ジャークで一〇五キロを挙げた選手と聞いていた。一〇〇キロ超えの選手は久々なのでマークしていました」

次の「ジャーク」は宏実と高橋の一騎打ちになった。高橋が一回目に九七キロを失敗すると、すぐさま二回目にチャレンジし、九七キロを成功させた。それを見て、宏実は九八キロに挑み、成功。そこから、重量挙げならではの駆け引きが始まる。

宏実が続けて二回目のチャレンジを通告し、いったん九九キロと場内に表示されたが、競技進行役の女性からアナウンスがあった。

「時計を止めてください。重量増加。重量を一〇〇キロにしてください」

宏実は勝負に出たのだ。

ところが、高橋がすぐさま負けじと一〇一キロ、続けて宏実も同じ一〇一キロを通告。そのたびに、決まり文句が会場に響き渡る。

「時計を止めてください。重量増加。重量を××キロにしてください」

宏実はさらに一キロ増量し、一〇二キロを通告した。

バックステージのやり取りは不明だが、九八キロから一〇二キロへの四キロ増量は、義行が伝えた勝負手であったらしい。この一週間は九七キロが限界だったため、宏実は四キロ増量を負担に感じたようだが、メダリストの意地を見せて成功した。

そのため、高橋も一〇二キロにチャレンジせざるを得なくなった。体重が宏実より軽いというアドバンテージがあったが、勝つためには同じ重量を挙げなければならなかった。

しかし、九七キロから一〇二キロへの五キロ増量は、二十一歳の彼女には負担が大きすぎた。果敢に挑戦したが、バーベルを前に落とし、赤いランプが点灯。「NO LIFT」の文字がスクリーンに浮かび上がった。

それを見て、宏実は駄目《だめ》を押した。三回目の試技を一〇三キロにし、成功した。高橋がトータル一七五キロに対し、宏実は同一八一キロ。まさに力でねじ伏せた横綱相撲《よこづなずもう》であった。

競技終了後、「カッコ良かったですね」と声を掛けると、宏実は照れくさそうに笑った。

「まだまだ若い人には負けられませんから」

会場には義行の笑顔もあった。

半月前、宏実が二〇二〇年の東京オリンピックの金メダルを誓うと、すぐさま〝慈父〟の眼差しで言葉を継いでいた。

「でないと、いつまでたっても嫁にいけませんからね……」

第六章

〝鬼〟の大松博文と六人の〝魔女〟たち

東京オリンピック女子バレーボール決勝で整列する
大松博文監督（左端）と選手たち

I 「日陰のひまわり」谷田絹子

日紡貝塚「夢の跡地」

大阪府と和歌山県を結ぶJR阪和線・東貝塚駅から西北に五分ほど歩くと、そこはまさに「夢の跡地」と呼ぶにふさわしい場所であった。

東京オリンピック当時、〝鬼〟と呼ばれた日紡貝塚《にちぼうかいづか》(現・ユニチカ)の大松博文《だいまつひろぶみ》監督と、〝東洋の魔女〟と称された女子バレーボール部選手が汗を流した体育館はもちろん、東京ドームが三つも入る広大な工場群も、すべて消え去っていた。

跡地には、巨大なショッピングセンター(ホームセンター「ムサシ貝塚店」)が建ち、周辺は新興住宅地へと変貌を遂げていた。

かつて〝糸へんブーム〟と呼ばれ、戦前から戦後にかけ、わが世の春を謳歌《おうか》した繊維《せんい》業界だったが、時代は昭和から平成に移り、バブル崩壊で縮小を余儀なくされ、貝塚工場は一九九七年に閉鎖。体育館も二〇〇四年に解体された。

だが、地元には往時をしのぶ声が少なからずあったのだろう。二〇〇五年一〇月、体育館の跡地に「貝塚市歴史展示館」がオープン。その一角に、取り壊された体育館の床板が展示されていると聞き、東京から大阪に向かったのだった。

訪ねた日、大阪地方の最高気温は三五・三度。記録的猛暑とあって、ほかに入館者はおらず、じっくり見て回れた。体育館の床板は、木造平屋の展示館のいちばん奥に展示されていた。

〈ご自由に手でおふれください〉

看板の言葉に促され、赤茶けた床板にふれると、硬くがっしりした感触が指先から伝わってきた。

〝東洋の魔女〟の一人で、エースアタッカーとして日本に金メダルをもたらした谷田《たにだ》（現・井戸川）絹子《きぬこ》（78）に取材したのは、その二日後だったが、床板の話をすると、思わず膝を打った。

「実はあの床板は櫻《さくら》の木なんです。身体にやさしいといったらおかしいですが、いつもピカピカしていて、ほどよく滑る。だから、転んでも大きなケガにつながらなかったんです」

床板の上には「回転レシーブの誕生」と記した長い説明文があった。

〈当時日本人選手は、並外れた攻撃力を誇る強豪ソ連に対して体格・体力において不利な状況にありました。（中略）。守備力の徹底的な強化が必要でした。

守備範囲ぎりぎりのボールには体全体で飛びこんでレシーブすることが効果的ですが、崩れた姿勢の立て直しには時間がかかり、次のプレーに対応が遅れてしまいます。この問題を解決しようとしたのが「回転レシーブ」でした。飛びこんでレシーブしたあと、柔道の受け身のように身体を回転させ、すばやく体勢を整えるという魔法のような技術でした。(中略)。

一九六二年(昭和三十七年)のモスクワ選手権(筆者註=世界選手権)において、初めて実戦で披露《ひろう》された「回転レシーブ」は、ソ連を破って優勝。そして東京オリンピックでもソ連をセットカウント三—〇で破って金メダル獲得に貢献し、「東洋の魔女」の名とともに日本人の記憶に刻まれました〉

谷田絹子は、「回転レシーブ」秘話も明かしてくれた。

「大松先生は、娘さんたち(長女・美文《みふみ》と次女・緑)がセルロイドのダルマのおもちゃで遊んでいるのをみて、『回転レシーブ』を思いついたんです。ダルマさんは転んだらすぐに起き上がりますよね。それをバレーボールのレシーブに応用しようと考えたんです」

“鬼”のハードトレーニング

「回転レシーブ」の説明文を読んでいると、隣接した映像コーナーから、大松博文の大きな声が聞こえてきた。

「これは根性を入れる練習です。動けなくなっても、さらに食らいつくのが狙いなんです……」

テレビが映し出していたビデオは、モノクロの記録映画「ハードトレーニング」(一九六二年十月。企画・日本バレーボール協会。協力・日紡)。

記録映画だけに、「回転レシーブ」の練習シーンは、迫力満点だった。監督の大松が至近距離でボールを上から投げつけ、選手たちが入れ替わり立ち替わりレシーブするのだが、投げる間隔が短いため、選手たちは拾いきれない。それでも、大松はボールを投げつづけ、体はおろか頭にも顔にも命中させる。選手たちは顔を歪《ゆが》め、唇を尖《とが》らせるが、大松はお構いなしである。

彼は一日に千球も投げつづけ、右腕が左腕の一・五倍も太くなったという。野球でいえば千本ノックだが、バレーボールにはグラブがない。「トレーニング」とは名ばかりで、実際はしごきに等しかった。

大松の声が再び聞こえてきた。

「練習は勤務が終わった午後四時すぎから十一時半までつづき、選手たちは渡り廊下を通って寮に帰ります」

しかし、東京オリンピックが近づいたときは、午前零時を過ぎて日付を跨《また》ぐどころか、夜明けまでつづいたこともあった。

彼一流のハードトレーニングは、一九五三年、社長の原吉平《きちへい》が大松に振るった長広舌《ちょうこうぜつ》から始まる。

〈現在の世界情勢を見てみい。アメリカとソ連がずば抜けて国力が強いだろう。国力の強さちゅうものは、なんでも、すべて総合したもので、決して、てんでんばらばらなもんじゃない。(中略)。今世紀、地球上の二大勢力にのし上がった米ソ両国は、当然のことに、スポーツでも激しく首位争いをしている。スポーツで制覇することは、そのまま、世界を制覇する力をもつちゅうことになる。

日紡はこんど、バレーボールを会社の看板スポーツとしてやる方針を立てたのだが、やるからには、絶対に強いチーム、負けないチームにせにゃならん。その強弱によって社運が判断される。どんどん強くなっていけば、世間から、日紡の社運は隆盛とみなされ、弱ければ、衰退の一路をたどっているとみなされる。(後略)」(大松の自伝『おれについてこい!』)

こうして、大松は自ら〝鬼〟になることを誓《ちか》い、全国の工場から有望な女子選手を貝塚工場に結集させたのである。

選手選びの条件は二つ。一つは体が大きいこと、もう一つは高校時代にバレーボールの経験があること。条件をパスした次の六人が、のちに〝東洋の魔女〟と呼ばれるようになる。

河西《かさい》昌枝(身長一七四センチ。巨摩高校《山梨》)

宮本恵美子（同一七三センチ。和歌山商業）
谷田絹子（同一六七センチ。四天王寺高校《大阪》）
半田百合子《ゆりこ》（同一六六センチ。栃木女子高）
松村好子《よしこ》（同一七〇センチ。四天王寺高校《大阪》）
磯辺サタ（同一七三センチ。入社翌年、四天王寺高校《大阪》入学）

母が口説かれて日紡貝塚へ

〝魔女〟はいかにして誕生したのだろうか。最初に登場するのは、前出の谷田絹子。日本の女子バレーボール界が生んだ世界の大砲である。

彼女は一九三九年九月一九日、六人きょうだいの末っ子として大阪府池田市で生まれた。

「バレーボールを始めるきっかけは、六歳上の兄・弘（三男）がバレーをやっていたからです。北豊島中学校二年のときでした。この年齢までやっていて言うのもおかしいですが、本当はあまりバレーが好きでなかった。小学校四年から中学校三年まで、運動会の駆けっこではいつも一番だったので、本当は陸上選手になりたかったんです」

ところが、弘から、

「高校でバレーをつづけるなら、やっぱり四天王寺だぞ」

と半ば強引に勧められ、拒むことができなかった。〝名伯楽《めいはくらく》〟の誉れ高い四天王寺の小島孝治監督（関西大学卒）は、弘の同期で、二人は親友だったのである。

小島はのちに大松の後任監督として日紡貝塚の女子バレー部を率い、大松のつくった一七五連勝の記録を二五八連勝にまで伸ばしている。

レギュラーの座が約束されたはずの彼女だったが、入学後、コートに入れないばかりか、ボールにさえさわらせてもらえなかった。

「バレーではなく、バスケットのコートへ行けといわれ、ネット（高さ約二六〇センチ）にさわれるようになるまで、ジャンプばかりさせられました。あとから考えると、わたしをアタッカーとして育てようと小島先生が考えたのだと思います」

一年後、ネットにさわれるようになると、身長が一〇センチも伸びており、ジャンプ力のある、とんでもないアタッカーになっていた。

大松は谷田の評判を聞き、こっそり練習を見に行っている。

〈アタッカー専門の三年生がいた。そいつが谷田絹子という、色白の、肉づきのいい選手で、背たけが一メートル六十八。見ると、この選手はいつもコートの外にほうり出されていた。あとの八人（筆者註＝当時は九人制）がなんとかしてボールを拾っては、外にほうり出す。するとそこにいるあいつが打つ。

つまり、谷田絹子という選手は、打つ以外にはなにもできない生徒だった。それが三十三年（同＝昭和）の三月にニチボー（同＝日紡）にはいった。そしてその暮れから六人制に参加することになる〉（大松著『なせば成る！』）

谷田絹子にとって、大松は雲の上の存在だった。

「ちょっと事務所へ来てくれないか」

高校卒業が近づいたある日、声を掛けられ、単刀直入に言われた。四天王寺高校のバレー部が日紡で合宿したときであった。

「卒業したら、うちに来て欲しいんだ」

「……」

すぐに返答できなかったのは、本心がバレーボールをつづけたくないからだったが、大人の世界はそれを許さなかった。

大松は「将を射んとせばまず馬を射よ」のたとえ通り、チームの長女格の河西昌枝を伴い、母親にアプローチした。

最近、谷田絹子が自費出版した『私の青春・東洋の魔女と呼ばれて』という本にそのときのことが出てくる。

〈私が家に帰ってきたら、「河西さんと大松監督が今帰られたんよ」って、「何しに来はったん?」と聞くと、「断られへんかった」から『1年間それじゃ監督にお預けします』って言ったのよ」。うちの母は明治生まれの人だから、どうせ奉公《ほうこう》に1年間ぐらいどこかに出さないといけないと思っていたんです〉

十八歳の絹子は一本気《いっぽんぎ》の性格だったようだ。

「『あっそ、私行けないからお母ちゃん行きね』と言ったら、『お母ちゃん行って何するの』と。わたしは『あんたが返事したんやから自分で行けば』って。母に『あんた』と言ったのは初めてのことでした」

前出の兄・弘から叱られたのはいうまでもない。

「学校卒業したら、お化粧して、口紅付けて、ハンドバッグを持って、お勤めに行って、好きな映画を見て、ご飯も食べに行ったりして、そういうことがしたいんやろう」

図星で、反論の余地がなかった。

こうして彼女はしぶしぶ折れ、日紡に入社。一年間どころか七年間も勤め上げることになるのである。

大松の両足に食らいついた

期待されて日紡に入った谷田絹子だったが、最初は球拾いの毎日だった。こんなに光り輝く素材なのに、という気持ちだったのだろう。

「日陰《ひかげ》のひまわり」

自らをそう称した。

ひまわりは自らが大きく成長するために、太陽に向かって咲くという。彼女は大松という〝太陽〟に照らされ、「日陰」から「日向《ひなた》」に躍り出る。

辛口の大松だが、彼女の攻撃力には舌を巻いていた。

〈なにが世界一かというと、強烈なアタックだ。（中略）。宮本のが鋭い日本刀の切れ味なら、谷田のやつは、樫の棒だろう。うなりを生じて相手のみけんを打ち砕く、この強烈なアタックが世界一の賞を取った〉（『なせば成る！』）

谷田の力なくして、世界選手権も、オリンピックも頂点に立てなかったと、大松は言いたいのである。

先に記したように、同じアタッカーでも、身長は宮本（現・寺山）恵美子が一七三センチで、谷田絹子は一六七センチ。いうまでもなく、背の高さはバレーの最大のアドバンテージだ。

「ですから、宮本さんは上からスパッと打てばよかった。でも、わたしは小さいから、身体全体を使って打たなくてはならなかった」

六センチの身長差が、谷田のジャンプ力と力強いスパイクを生んだといっていい。

スポーツの世界は、マイナスをプラスに変えた選手だけがヒーロー、ヒロインになるのである。

そんな彼女にも弱点があった。レシーブである。

「最初は回転レシーブができなくて、ただ痛いばかりでした。腰から背中にかけて腫《は》れ上がり、まるでザクロみたいな色になりました。ですから、寮から毛布、職場から座布団《ざぶとん》を持参し、腰に巻いてレシーブの練習をしたんです」

負けず嫌いだったようで、他の選手が三〇〇回飛び込むところを四〇〇回も五〇〇回も飛び込んだという。

ただ、限界を超えると、持ち前の激しい気性が顔を出す。

大松が書いている。

〈わたしがあいつの意表をついてボールを投げる。そこへ飛び込む。ボールは拾えないところ、拾えないところへ、意地悪く飛ぶ。練習で、それがあたりまえと思っていても、息は切れる、からだはついていかない。あいつは、いきなり棒立ちになって、

「エエーッ」

と、すごい形相でわたしに立ち向かってくる。

わたしの打つ手が動かないようにしがみつく。そのファイトのかたまりは、ちょっと男性的

な感じを与える〉（『なせば成る！』）

ところが、本人は否定した。

「いいえ、腕ではありません。足ですよ。上からひっきりなしにボールがくるので、矢《や》も楯《たて》もたまらず両足に食らいついたんです（笑）」

その後、体育館を飛び出し、

「大松のバカヤロー」

と叫んだという話は、あまりにも有名である。

選手全員が「回転レシーブ」をマスターし、外国選手相手にお披露目したのは、東京オリンピック二年前の一九六二年十月。モスクワで開かれた世界選手権で完全優勝を遂げたときだった。

大松は自伝『おれについてこい！』に、〈わたしの妻（同＝美智代）が切り抜いておいてくれた新聞の記事がつぎのように書いています〉と、〝東洋の魔女〟という言葉が初めて活字になったフランス通信社の記事を誇らしげに紹介している。

〈……日本のすばらしい技とスピードに圧倒されつづけ、反撃の糸口もすぐつぶされて問題にならなかった。〝東洋の魔女〟といわれたうわさどおりのその強さは、ただ驚くばかりだった〉

（モスクワ二十三日発＝ＡＦＰ）

II

「世界一のレシーバー」松村好子

必殺〝木の葉落とし〟

一九六四年十月十一日、東京オリンピックの女子バレーボール、日本対アメリカ戦が、世田谷区の駒沢屋内球技場で火蓋を切った。

日本の初戦とあって、会場には宿敵ソ連のチェホフ監督をはじめ、エースのルイスカルらが観戦しており、大松博文監督は〝魔女〟たちに手の内を見せないよう指示したが、それでも大差のストレート勝ちだった。

日本　15－1　アメリカ

15－5

15－2

この試合、ひときわ目立ったのが、日本のサーブ。サービスエースが合計一二本。そのうち四本を決めたのが、松村好子だった。彼女のサーブは変化が読めず、落差が大きいため、大松は舞い落ちる木の葉になぞらえ、必殺〝木の葉《こ は》落とし〟と命名した。

大阪府枚方市に住む松村（現・神田）好子（76）が回想する。

「〝木の葉落とし〟は、元々大松先生が打っていたんです。先生はサービスが上手で、本気で打ったら、私たちは誰も捕球できませんでした。そのサービスを見よう見まねで覚え、自分たちのものにしたんです」

〝木の葉落とし〟には、こんなコツがあったという。

「ボールに当たった瞬間、ピタッと止めて引く。すると、相手コートのバックライン近くに飛んだボールがストンと落ちるんです」

〝球道〟はサッカーの本田圭佑《けいすけ》が放つ〝無回転シュート〟と似ているかもしれない。

「野球の投手と同じで、手のひねり方ひとつで変化が異なるんです。私の場合は手を開いて親指を中に入れ、ボールを横から打って変化させていました」

彼女の〝木の葉落とし〟は第二戦のルーマニアとの試合でも威力を発揮し、チームのサービスエース四本のうち二本を決めている。

日本　15－7　15－3　15－8　ルーマニア

第三戦の韓国戦は、赤子の手を捻《ひね》るようなものだった。

日本　15－3　15－2　15－4　韓国

第四戦のポーランド戦も、楽勝が予想されたが、日本は第三セットを落としている。

日本　15－4　15－5　13－15　15－2　ポーランド

六対四と二点リードした場面で、セッターの河西昌枝を引っ込め、チームはリズムを崩し、第三セットを失ったのだった。

試合後、大松は弁解している。

「第三セットで河西をひっこめたのは思いつきの試みだ。河西がいないとガタガタになるのは、やはり六人制のコンビネーションのむずかしさを示していると思う」（「毎日新聞」一九六四年十月十九日）

このコメントは建前だった。ソ連のバレー関係者が目を光らせて観戦していたため、河西だけでなく、アタッカーの谷田絹子と磯辺サタも代え、コンビネーションプレーを封印したのである。大松はこうした策士の一面も持っていた。

ポーランド戦二日前の十月十六日には、こんなことがあった。東京都文京区にある椿山荘《ちんざんそう》で、各国のバレーボール役員や選手たちが正装して一堂に会し、午後六時からパーティが開かれたのだが、大松と選手たちは八時間の猛練習をこなしたせいで、大幅に遅刻した。

外国のバレー関係者は、押っ取り刀で駆けつけた〝魔女〟たちの恰好を見て度肝を抜かれた。汗まみれのユニホーム姿だったからである。

大松の頭には勝つことしかなかった。先のポーランド戦の勝利で、一九五九年十一月の全日本総合女子選手権大会で明治生命を破って以来、通算一六一連勝。前代未聞の白星街道を驀進《ばくしん》中であった。

誕生日は真珠湾攻撃翌日

〝木の葉落とし〟で外国人選手を翻弄した松村好子は、一九四一年十二月九日、大阪府守口市で生まれた。

前日の午前二時、日本陸軍がマレー半島に上陸。同三時二十分、日本海軍がハワイの真珠湾を攻撃し、太平洋戦争が始まった。彼女の人生は、そっくりそのまま激動の昭和史と重なる。

三歳のとき、父・好孝《よしたか》が戦病死している。

「場所は満州東北部の延吉（現・中国吉林省）にある病院。母の阿貴子によると、召集令状が届き、満州に向かう最後の船に乗り込んだそうです。死因はわかりませんが、何かの病気だったのでしょう。遺品は父の財布と、私や母といっしょに映った家族の写真だけでした」

遺骨が戻ってこなかったことからすると、流行病《はやりやまい》だったのかもしれない。

「父の顔は覚えていませんが、父をほしいと思ったことは一度もありません。母が何不自由ない生活をさせてくれたからです。戦後の大変な時期も、ひもじい思いをしたことがないんです。母は大正五年生まれで、寝屋川《ねやがわ》高等女学校（現・寝屋川高校）を出て、公務員になり、大阪で初めて課長（門真市役所）になった女性。そのときいただいた表彰状を宝物のように終生大切にしていました」

激動の時代ゆえか、〝魔女〟たちの多くが子供の頃に親を亡くしている。

「六人のうち四人は両親が揃っていません。私のほか、谷田絹子さん、宮本恵美子さん、そして磯辺サタ。だからこそ、ハングリー精神があり、きつい練習にも耐えられたんです」

松村好子がバレーボールを始めたのは、守口市立庭窪中学三年のとき。天分に恵まれていたのだろう。すぐに頭角を現し、地元の寝屋川高校と名門・四天王寺高校から誘われた。

「私は三人姉弟の真ん中で、姉も母と同じ寝屋川高校出身。それなのに、母は四天王寺を勧めたんです。『寝屋川高校に入ったら、勉強せなならん。四天王寺高校なら、運動さえしとったらええ』とね（笑）。決め手は監督の小島孝治先生が優しそうだったこと。実際は、正反対でしたが（笑）」

入学すると、二学年上に高校バレー界を代表するアタッカーがいた。谷田絹子である。

「その年、四天王寺は谷田さんの活躍でインターハイや国体で優勝しましたが、私は持病の貧血で入院中。谷田さんが卒業し、私にアタッカーのお鉢《はち》が回ってきて、一時は〝谷田二世〟なんて言われたんですが（笑）、肩を壊してしまい、バレーが嫌になりました。それでなくとも、小島先生の愛のムチで、全身は痣《あざ》だらけ、頭は瘤《こぶ》だらけでしたから（笑）」

大松との初対面の印象は、怖い人だったという。

「なにしろ、大松先生は色が真っ黒で、そのうえ黒いサングラスをし、洋服も黒ずくめでしたから（笑）」

高校卒業後は楽しんでバレーをしたいと思っていたが、日紡貝塚へのレールは、小島と大松の間で出来上がっていたのである。

盲腸を切られた〝魔女〟たち

一年間の〝御礼奉公〟のつもりで日紡に就職した松村好子だったが、入社早々、

「寺田病院へ行け。パジャマを忘れるな」

と大松から命じられ、狐《きつね》につままれたような気持ちで病院に向かった。

大松は自著『なせば成る！』で、経緯を明かしている。

〈ある日、こいつ（筆者註＝松村好子）が、お腹が痛い、といいだした。わたしは、おまえはすぐ白旗（同＝信夫）先生のところへ行って、みてもらってこい、といって岸和田市の寺田病院へ行かせ、そしてすぐ電話した。「もしもし、大松ですが。松村いう選手をやりましたから、盲腸《もうちょう》をすぐ切らにゃいかんゆうて、切ってくれますか。例のように……」

こいつだけにかぎらない。わたしは新しい選手がおなかが痛いというと、みんなこういうふ

うに電話して盲腸を処理してもらった。（中略）。ああいう、不要物のくせに、いつ病気を起こすかわからないものは、取り除いておくのが安全無害なのだ〉

大松は彼女だけでなく、河西昌枝や宮本恵美子にも、有無《うむ》を言わさず盲腸の手術をさせている。理由は、海外遠征中に虫垂炎《ちゅうすいえん》になったらどうする、宇宙飛行士は飛び立つ前に必ず盲腸を切る、というものであった。

退院後、松村好子は見違えるように明るく元気になった。

「六人制でいくことを決めた日紡が、武者修行の旅として、翌年ヨーロッパに遠征することになり、海外へ行きたい一心で、必死に練習するようになったんです（笑）」

高校時代に右肩を痛め、アタッカーとして勝負することは難しかったが、レシーブには自信を持っていた。折しも大松は六人制の秘策として〝回転レシーブ〟を導入し、選手たちに猛練習を強いていた。その〝回転レシーブ〟を誰よりも早くマスターしたのが彼女だった。

「二十歳という若さのおかげかもしれません。みんなは痛がって、座布団を腰に巻いたりしていましたが、全然痛くなかった。私の場合は肩から入り、横に滑る感じで回る。だから、故障がなかった。お尻から入ると、腰を打ってケガしやすいんです」

レシーブ力が評価されたのだろう。大松は一九六一年の欧州遠征メンバーに彼女を選んだ。

「先生が私の名前を呼んだのは、いちばん最後の九番目。うれしくて、跳び上がりました」

彼女の喜びが夢に見た海外旅行だったのはいうまでもない。

大松一行は、まずパリへ飛び、それから、ブルガリア、ルーマニア、ポーランド、チェコスロバキア、ソ連と、東欧のバレー強国をめぐった。

「四〇日の長い遠征でしたが、二二戦全勝。ちなみに、男子は二二戦全敗でした（笑）」

帰国すると、報道陣が殺到し、カメラマンが彼女の前で叫んだ。

「そこの三人、六人から離れてくれへんか」

補欠の三人だった。その中に松村好子もいた。

「なんで？　私も二試合出てるのに、と悔しかった。でも、世間の見方は違う。陽《ひ》の当たるところに出るには、六人の中に入るしかないんです。カメラマンのひと言が、私の心に火を付けてくれました」

以来、〝回転レシーブ〟にさらに磨きを掛け、レギュラーの座をがっちり掴む。そして、一九六二年にモスクワで行われた世界選手権で「レシーブ賞」を受け、〝世界一のレシーバー〟になるのである。

大松が彼女の横顔を記している。

〈……いっぷう変わった趣味をもっている。頭のおしゃれだ。たいへんお金がかかるだろうと気になるくらいだ。昼休みの時間には、しじゅう、すぐ前の美容院へ行く。（中略）。そして練習のときには、きれいに髪をあげて出てくる。あいつは、レシーバーだから、ほかの連中より、練習が激しい。いくらきれいにしても、たちまちモジャモジャになり、汗べっとりで、まるで〝バタ屋〟みたいな頭になってしまう。（中略）。あいつの髪をあげる技術は、くろうとはだしらしい。あんなに始終通っていれば、授業料を払っているようなものかもしれない。それで、みんなの髪をあげてやったりしている。ほがらかで、ものおじしないから、よその国へ行っても、相手の選手の髪をいじり、あんたは美容師か、といわれて喜んでいる〉（『なせば成る！』）

今回の取材で枚方市の自宅を訪ねると、髪は金色だったが、それがとてもよく似合っていた。

空前絶後の視聴率　六六・八パーセント

一九六四年十月二十三日午後七時三十七分、駒沢屋内球技場に美智子妃殿下を迎え、無敗で勝ち上がった日本対ソ連の金メダルをかけた戦いが始まった。

会場に詰め掛けた四五〇〇人の中には、巨人軍の長嶋茂雄、女優の淡島千景《ちかげ》、作家の三島由紀夫など、著名人も多数含まれていた。

第一セット、最初の得点はソ連。身長一八一センチのミシャクが上から叩き付けたスパイクだった。平均身長は日本選手が一七〇センチに対し、ソ連選手は一七三センチ。それぞれの強みは日本が〝和〟とすれば、ソ連は〝パワー〟であった。

第一セットは好守と強打の応酬《おうしゅう》で、五分と五分の戦いになった。中盤、サウスポーの宮本恵美子が強烈なスパイクを決め、七対七。終盤に入り、日本が引き離し、最後はセッターの河西が中央に叩き込み、一五対一一で日本が取った。第二セットは、日本がサーブで主導権を奪い、先行した。その中に、松村好子の〝木の葉落とし〟があったのはいうまでもない。この試合、彼女は三本のサービスエースを決め、勝利に貢献している。

日本の攻撃は多彩だった。アタッカーの宮本、谷田、磯辺だけでなく、レシーバーの松村、半田百合子、加えてセッターの河西もスパイクを打ち、得点を重ねた。一方のソ連は二十歳のエース・ルイスカルに球を集め、攻撃が単調になりがちだった。

第二セットは一五対八で、日本が奪取。圧巻は第三セット。セッターの河西が巧みなトスを上げ、クイックや時間差攻撃を演出し、加点する。のちのコンビネーションバレーの原型がここにあった。

ところが、一一対三と大量リードした場面から日本にミスが相次ぎ、ソ連に猛追《もうつい》され、一四対一三。日本がマッチポイントを握ってから、試合は動かなくなったのである。

「金メダルポイントです！」

ＮＨＫの鈴木文弥アナウンサーが六度目の絶叫を発した直後だった。

宮本恵美子がサーブで崩し、返ってきたボールを、松村好子がフェイントで攪乱《かくらん》し、ソ連の選手がブロックをミスし、反則。

「オーバーネットです！」

鈴木アナの歓喜の雄叫びがテレビ桟敷に響き、日本の金メダルが決まった。

主将・河西に半田がしがみつき、松村と谷田が駆け寄る。宮本は立ったまま顔を覆い、磯辺が手を叩きながら抱きつく。〝魔女〟たちはひとかたまりになり、泣き崩れた。

この試合を中継したNHKは、空前の視聴率六六・八パーセントを記録。この数字は、スポーツ中継の最高視聴率としていまだに破られていない（第二位はサッカーW杯・日本対ロシアの六六・一パーセント＝二〇〇二年六月九日。フジテレビ）。

翌日、毎日新聞が「根性の勝利」という小見出しを掲げ、大松の談話を載せた。いかにも彼らしい自信と誇りに満ちたコメントだった。

〈日ソの力は五分五分といわれていたが、私としては七―三の力の差はあると信じていた。だからストレートで勝ったのも当然と思っている。第三セットの後半は苦戦したが、根性で勝った。一九六二年のモスクワで開かれた世界選手権のあと、私はソ連の何倍ものハードトレーニングをしてきた。アマチュア精神は心身をきびしく鍛錬することにある。この精神がきょう優勝をなしとげたのだ。私はこれで監督をやめる。（後略）〉

III　〝鬼〟の誕生

女性には奥手だった大松

一九二一年（大正十年）二月十二日、大松博文は香川県宇多津町《うたづちょう》で生まれた。六人姉弟の長男だった。

彼は自伝『おれについてこい！』で、自慢げに書いている。

〈わたしの名まえ、博文は、祖父が明治の元勲伊藤博文公と親しかったということから、それにあやかってつけたものだそうです〉

フルネームで書かれていないため、調べてみたが、伊藤博文と親交があったという「祖父」を特定できなかった。

蛇《じゃ》の道は蛇《へび》とばかり、大松が参議院議員時代（一九六八年〜七四年）に第一秘書を務めた長谷川忠男（74）を山口県に訪ねると、目を大きく見開いた。

「初めて聞きました。伊藤博文の伊の字も聞いたことがありません。そういうことがあれば、講演会などで必ず出ると思うんですが……」

長谷川はしきりに首を傾げた。

してみると、大松の創作だったのか。それとも父か母が間違ったことを伝えたのか。いまとなっては真実がわからない。

大松家は父ではなく母が実権を握っていた。小学校の校長をしていた父は養子で、母は家付きの娘だったからである。

寡黙《かもく》な父と饒舌《じょうぜつ》な母。二人の力関係とキャラクターが、博文の人格形成に影響している。

〈町は当時少年野球が盛んで、わたしは小学校五年生までピッチャーをやり、なかなかの強球（筆者註＝原文のまま。「剛球」ないしは「豪球」と思われる）投手といわれていました〉（前掲書）

宇多津は瀬戸内海に面した人口七〇〇〇人（当時）の町で、丸亀市と坂出市に挟まれていたが、野球が盛んだった。香川は三原脩《みはらおさむ》（巨人、西鉄などの監督を歴任）や水原茂《みずはらしげる》（巨人、東映、中日の監督）といった名将を生んだ野球王国である。

博文は野球を続けたくて坂出商に進学したが、ある日突然、無口な父が「野球なんか、やめい」と、突然横槍を入れ、博文が学校から借りていたグラブやバットなどの野球道具を学校へ勝手に返納してしまった。

どうやら、博文には野球の才能がないと見切ったらしかった。

それが運命を変える。野球の道が閉ざされ、半ばやけくそぎみに出た校内バレーボール大会で大活躍。バレーボール部に誘われるのである。

〈わたしにとっては、どんなスポーツでもよかったのかもしれません。しかし、サイコロの目はバレーと出たのです。父が野球を禁止したこともあずかっていましょう。これがわたしの今日を決したようなバレーの始まりです。以後、関学にはいってからも、社会に出てからも、ずっとつづけることになります〉（前掲書）

関西学院高商（現・関西学院大）時代のことは自伝にもふれられていないが、後年、週刊誌の〝有名人告白大特集〟と銘打ったインタビューで吐露《とろ》している。

「ワシの学校いうのが阪急宝塚線の仁川にあるんやが、同じ線に聖心女学院、神戸女学院、それに宝塚歌劇とあって、通学のとき、電車に乗るとグリーンのスカートをはいた少女がいっぱいで、当時、その電車が花電車（！）と呼ばれたくらいなんですワ。で、ワシら、バレーボールの練習の行き帰り、『どの学校のコがいいの』やれ『いい花がおるの』やれ『あの花がよいの』と、さかんに鑑賞しとったワケやね。といって別に女のコを喫茶店に誘うというようなことないんやけどね。心のなかでは話をしたいが、ただ〝美しい花〟を鑑賞するだけで満足しておった」（『週刊アサヒ芸能』一九七三年一月四日号）

東京オリンピックで〝魔女〟たちを自由自在に操り、金メダルを獲得した大松が奥手だったというのは意外である。

ちなみに、彼が結婚したのは一九五一年。三十歳のときだった。当時、夫人の美智代は十九歳で、高校を卒業したばかりだった。

「見合いの席で、突然『チャタレイ夫人の恋人』を読んだことがありますか、なんて聞くのです。今考えれば、何を話していいかわからずに、苦しまぎれにそんなことを口走ったのでしょうが、女性の扱い方をまったく知らない人でした」（『ビッグマン』一九八五年七月号）

『チャタレイ夫人の恋人』は、イギリスのD・H・ロレンスが一九二八年に発表した性愛がテーマの小説で、日本では伊藤整《せい》が翻訳本を出版し、発禁処分になっていた。

その本を見合いの席で持ち出す大松も大松だが、「女性の扱い方をまったく知らない」と切り返した美智代も凄いといわざるを得ない。

このエピソードの真実については、あとで記すことになる。

大松が関西学院高商を卒業したのは、一九四一年春。日紡に就職し、尼崎工場のバレー部コーチになったが、まもなく太平洋戦争が始まり、入隊命令が下る。シンガポールのイギリス軍が日本軍に降伏した一九四二年二月のことだった。

知られざるインパール作戦

自伝によると、入隊した大松は広島に向かい、宇品港《うじな》から輸送船に乗り込んでいる。大松たちを乗せた貨物船は上海に泊まり、さらに揚子江をさかのぼって漢口に到着。漢口から汽車に乗って江漢《こうかん》へ。そこから軍のトラックに積みこまれて北上し、旧江鎮の独立輜重兵《しちょうへい》第二連隊（同＝馬をひいて食料や弾薬を輸送する部隊）に着き、そこで大松たちは初年兵教育を受けた。

大松は出世欲があったのか、それとも命をつなぐために階級を上げることが必要と考えたのか、幹部候補生試験を受け、合格すると、隊長から「おまえたちは保定《ほてい》（同＝河北省中部の都市）の予備士官学校へ行け、部隊は南方へ進駐することになった」といわれた。昭和十七年秋のことだった。

保定で六カ月の幹部候補生教育を終えたが、自分の部隊がどこにいるかわからず、南京の総司令部で聞くと、マニラへ行けと命令された。上海にくだり、そこから台湾・高雄《たかお》行きの船に乗った。さらにシンガポールを経由してマニラに着くと、部隊はラバウルにいるといわれた。

軍の命令系統はすでにショートしており、行く先がたらい回しになった。大松はパラオへ行き、ラバウル行きの船に乗った。

潜水艦は南洋に出没し、パラオからラバウルへの輸送船の一週間、毎朝、毎夕、十二、三本の魚雷が襲ってきた。大松の乗った船は奇跡のように、その魚雷群から逃げ切ったのだった。

ところが、ラバウルに着くと、「内地から将校を補充してもらったから、もういらん」といわれ、近くの独立輜重兵第五五中隊に向かった。そこは兵隊の年齢が三十二歳から四十五歳の高齢部隊。大松は二十五歳だった。

「あんな若造のいうことなんか聞けるか」

聞こえよがしに言われ、率先して揚陸《ようりく》作業を手伝い、汗を流すと、海千山千の老兵たちも、ほどなく大松に心服するようになった。後年、この率先垂範がバレーボールの監督として成功するコツになるとは夢にも思わず、人を自分についてこさせる術を、戦地の実践によって会得したのだ。

大松の部隊はビルマ（現・ミャンマー）転戦が決まったが、ラバウルからシンガポールに向かう輸送船は、速度五ノットのノロノロ運転だった。

シンガポールに着き、ビルマのラングーン（現・ヤンゴン）へ向かったのは、昭和十九年三月。入隊後、すでに二年以上の歳月を費やしていた。

ラングーンに上陸すると、きちんとした命令が初めて下った。大松たちを待っていたのは、インドとビルマをつなぐインパール攻略戦への参加。「四月二十九日までに攻略せよ」という命令だった。天長節（天皇誕生日）のお祝いにというより、実際には近づいた雨季が恐ろしかったのだ。

週刊誌に寄せた大松の手記（『週刊ポスト』一九七二年一月一日号）は、具体的にふれている。

〈昭和十九年三月十五日。月明かりの夜であった。佐藤幸徳中将に率いられた第三十一師団は、チンドウィン川をいっせいに渡河、西北約三百キロの要衝コヒマへと向かって前進をはじめた。私は当時、この第三十一師団に配属された独立輜重兵第五十五中隊の第一小隊長であった。この夜が有名なインパールの悲劇の幕開けになるとも知らず、若い私はただ、懸命になって、渡河作戦にしたがっていた〉

イギリス軍の空襲を警戒し、夜間の渡河《とか》だったため、川幅が六〇〇メートルもあるチンドウィン川の流れに牛馬も恐れをなし、深みに足を取られ、牛二頭が流された。命の次に大切な糧《りょう》秣《まつ》を背負った牛が、浮きつ沈みつするのを、大松たちは指をくわえて見守るしかなかった。糧秣を三週間分しか持たない滅茶苦茶な行軍だった。

川を渡ると、山に入った。ビルマとインドの国境を連なるアラカン山系は、標高一〇〇〇メートルから三〇〇〇メートル級の山々が連なっていた。

コヒマまで、曲がりくねった山道を二〇日間も歩かねばならなかった。斃《たお》れた牛馬は、すぐさま人の胃袋に入った。コヒマの南にあるインパールはインド東部のビルマに接した町で、イギリスとインドの合同軍が最重要視した場所だった。

四月下旬、大松たちがコヒマに到着したとき、英印軍との戦いが始まっていたが、帰趨は明らか。五月中は師団も辛抱したが、すでに食糧も弾薬も尽きており、撤退を決断した。これが有名な佐藤幸徳《こうとく》師団長の独断退却である。

無謀な作戦を立てた第十五軍司令官・牟田口廉也《むたぐちれんや》中将を快く思わない佐藤師団長が「六月一日迄ニハ〝コヒマ〟ヲ撤退シ補給ヲ受ケ得ル地点迄移動セントス」と打電し、返事を待たずに退却したのである。牟田口は激怒し、佐藤を罷免《ひめん》した。

佐藤が「六月一日」と期限を切ったのは、雨季が恐ろしかったからだ。この地域は、夏が来ると、モンスーンと呼ばれる南西風が吹き荒れ、世界一と呼ばれる雨をもたらした。

その雨季が来た。命令も待たず、あてもなく、部隊はコヒマをあとにして下がりはじめた。一山越すのに一日。谷間という谷間は急流となって、ゴウゴウと音を立てていた。衰弱した体はその流れに負けてしまう。食べるものは何もなく、大松たちが口に入れられたのは竹林に生えているタケノコだけであった。

兵士たちにマラリア、デング熱、赤痢《せきり》が流行しはじめた。食べ物のせいで、大松も痔を悪化させていた。歩くと出血が激しくなり、突き上げる痛みに襲われた。死体が山のように折り重なっていた。

〈ひとりが倒れて息絶えると、そのそばにヨロヨロと寄って行って、ばったり倒れるのです。そのようにして、二十人、三十人と折りかさなり、水ぶくれになって。降りしきる雨にさらされている死体のかたわらを通りすぎ、何十日かののちにようやくビルマにはいりました〉（自伝『おれについてこい！』）

しかし、そこはすでにイギリス軍に占拠されていた。

イギリス軍の捕虜に

自伝を読む限り、大松がいつ、どういう形で捕らえられたかはわからないが、イギリス軍の捕虜《ほりょ》になったことは確かだった。

〈八月十五日を、モールメン（筆者註＝ビルマ東部の港町）というところに出たとき迎えました。イギリス軍の捕虜になったわたしたちは、昭和二十二年の六月、帰国の船に乗るまで、作業に出されると、イギリス兵のタバコの吸いがらを拾ってのみ、かれらの残飯を集めて命をつなぎました。わたしたちに与えられた食物は、乾パンを一日に二つくらい。とてもやって行けるものではなかったのです〉

後年の大松を知る人たちは、彼の愛煙家ぶりに驚いている。

〝東洋の魔女〟の一人、谷田絹子によると、ヘビースモーカーだったという。

「ハイライトを一日四箱以上吸っていました。でも、一本を三分の一ぐらいしか吸わず、『先生、まだ吸えますやん』と小言をいっても、聞く耳を持ちませんでした。なにしろ、左手で消したかと思うと、同時に右手でくわえているんですもの（笑）」

大松が政治家時代に秘書を務めた前出の長谷川忠男も語る。

「お酒は一滴も飲みませんでしたが、煙草とコーヒーが大好きでした。議員のときは、ストレスが溜まっていたのか、一日に煙草は一八〇本、コーヒーは二〇杯飲んでいましたね」

捕虜時代、イギリス兵のしけもくしか吸えなかったことの反動なのだろうか。

大松はマンダレーに移り、飛行場建設に従事した後、悪名高きアーロン収容所に入れられた。アーロン収容所はラングーンの汚物集積所の隣にあり、蠅《はえ》がたかって悪臭漂う場所にあった。大松同様、イギリス軍の捕虜になった会田雄次《あいだゆうじ》（歴史学者）は、著書『アーロン収容所』に、〈人間ではなく家畜扱いだった〉と記している。大松が語るエピソードは、それを裏付けていた。

〈向こうの女の将校のところへ捕虜が掃除に行くんですね。われわれの目の前で女の将校が裸になって、パンティーなんか、ペイッと投げて「洗たくせい」です。「ヘイ」と言って洗たくしなかったら厳罰です。日本人を人間扱いしていなかったんだと思います〉（『週刊読売』一九七六年九月四日号）

先に記したが、大松が美智代との見合いの席で『チャタレイ夫人の恋人』を持ち出したのは、このときのイギリス女性将校の振る舞いが遠因と思われる。貴族の妻が森番の男と関係を結ぶ物語を読み、捕虜時代を思い出したのであろう。

不思議なことだが、大松は戦争の話を〝魔女〟たちはおろか、秘書の長谷川にも一切語っていない。

インパール作戦の死者は約三万人。八割が餓死者だという説もある。屍肉《しにく》を食らって生き存《なが》えた人もいた。誰にも言えない地獄が大松にもあったのではないか、と筆者は想像している。

帰国のいきさつは、自伝にも手記にもない。帰国後のことだけは自伝に出ている。

帰り着いた広島は焼け野原だった。郷里の高松も焼け野原。駅に降りたったとき、栗林公園と大松の間には、さえぎるものが何もなかった。

高松駅に降り立ったということは、母に会うつもりだったのだろうが、そのことにはふれず、次のように書いている。

〈死を実感するたびに、母のことを思いうかべ〝おかあさーん〟と叫びたかったことだけは、たしかである〉(前掲書)

自伝は、こう結んでいる。

〈将棋の升田幸三氏(同=「勝負の急所は一手違いで相手を倒すこと」という名言を残した第四代名人)は、軍隊生活を境にして受けの将棋から攻めの将棋に転じたといっています。わたしもまた、消極性を捨てて積極性を選びました。わたしがもつ、信じたことに邁進して動じない図太さ、いかなる肉体的困難も、精神力によって克服できるという信念、それはこの戦争体験なくしては考えられません〉

インパール作戦が、大松博文という〝鬼〟を生んだのである。

Ⅳ 世界一のサウスポーは〝東洋の美女〟

ポーランドの雑誌の表紙を飾った宮本恵美子

東京オリンピック二年前（一九六二年）の世界選手権（ソ連）で、ベスト・オールラウンダー賞、いわゆるMVP（最高殊勲選手）を獲得した宮本（現・寺山）恵美子は、東欧圏の男性に人気をさらった。

監督の大松博文は、東京オリンピック後に上梓《じょうし》した『なせば成る！』で、こう明かしている。〈わたしが見たところでは、ほかのやつとちっとも変わりはない気がするが、外国人にはこいつ（筆者註＝宮本のこと）が、結婚を申しこまずにいられなくなるほど美人に見えるそうである。（中略）。ポーランドへ行ったとき、あいつの顔が〝東洋の美人〟だといううわさだけでなく、あるスポーツ誌の表紙に載ったことがある。（中略）。その表紙のせいで、十何万部とか売れたそうだから、やっぱり美人なのだろう〉

現在、宮本恵美子は夫の寺山徹の故郷である茨城県日立市に住んでいるが、諸般の事情で、今回は電話での取材になった。

スポーツ誌の表紙を飾ったときのことを訊くと、懐かしそうに話した。

「一九六一（昭和三十六）年のヨーロッパ遠征で、ブルガリア、ルーマニア、ポーランド、チェコスロバキア、ソ連を転戦し、二二戦全勝したときでした。雑誌の名前は忘れましたが、ポーランドの雑誌の表紙に私の顔写真が大きく出て、嬉しいやら、恥ずかしいやらで……」

彼女のエキゾチックな魅力は、容貌《ようぼう》だけでなく、スタイルにもあった。なにしろ、当時の体型は身長一七二センチ、体重六〇キロ。ソ連のエースストライカー、ルイスカルに代表されるように、スパイクを打つ選手は、ごっつい体格の選手が多く、彼女のようなスマートな選手は珍しかった。仲良しだったチームメートの谷田絹子によると、「まるでモデルさんみたいに綺麗でしたよ」というくらいだ。

付け加えるなら、当時は数少ないサウスポーの選手だったこともある。スリムな左利きの選手が、高々とジャンプし、腕をしならせてスパイクを放つ姿に、東洋の神秘《しんぴ》を感じたのである。

そんな宮本恵美子が東京オリンピックで大活躍し、大松は最大級の賛辞を浴びせている。

「一撃よく敵を倒す」

彼女の強烈なスパイクを、宮本武蔵の一太刀になぞらえたのである。ついでながら、〃二刀流〃で知られた武蔵もまた、左利きの剣の達人であった。

忘れられない幻のデート

宮本恵美子は一九三七（昭和十二）年五月十日、黒潮洗う和歌山県和歌山市で生まれた。七人きょうだいの真ん中であった。父・太平は海苔《のり》の養殖を生業にしていた。

恵美子はすくすく育ち、バレーボールで頭角を現す。運命を変えたのは、高校時代の出会いだった。

大松は前出の『なせば成る！』に記している。

〈昭和三十年だったか、信州の松本で、バレーボールの全日本選手権大会があった。その大会に、わたしたちニチボー（同＝当時は日紡貝塚）チームも参加したが（同＝初優勝）、和歌山県代表には、和歌山商業高校が出ていた。

その和歌山商チームの中に、見たところ色の黒い、恐ろしく細長いのがいて、そいつは、左手でボールを処理していた。それを見て、あれも大きいから、ひとつとっておくか、ということになった。（中略）。そいつのうちへ行っておとうさんに話してみた〉

宮本恵美子の家は、毛見という海水浴場の近くにあり、潮の匂《にお》いがした。出てきた父・太平は、海の男らしく肌が浅黒かった。

「うちの子を日紡へとってくれはりますか。そうですか。ほなら、やりますわ」

会社のある貝塚市とはＪＲ阪和線で結ばれており、身近な大企業であった。

〈こいつは、海のように気まぐれで、なにをするにも、どことなくやることがちぐはぐで、わたしは考えこんでしまった。手と足との動作がちゃらんぽらんで、それに細い。じょうだんもよくいうが、総じて、いうことが、どうもとっぴで、わたしはあいつに劣等感みたいなものを感じたりした。わたしのような凡人に比べると、同じ凡人でも、こいつは数段上のほうにいるやつではなかろうか、という気分にさせた〉

期待された宮本恵美子だが、一年目、二年目は補欠で、大松は工場長から叱責されている。

〈「おまえはよくもまああんなやつを取ってきよったな。（中略）。ここに来て二年もやって、いまだにバレーらしいバレーができん。あんな見込みのないやつは帰してしまえ」

広瀬という当時の工場長がある日、そういってわたしを叱った。わたしはこの選手を語るとき、どうしてもこのことを抜かすわけにいかない。見こみがない、帰してしまえといわれたアンバランスな娘が、後年、ああした名選手になったのだから〉

その頃の彼女について、〝魔女〟の長女格である河西昌枝が『オール読物』（二〇〇九年九月号）の座談会で暴露《ばくろ》している。

〈河西　ミヤさん（同＝宮本のこと）がまだ補欠の頃の話ね。工場の裏門からミヤさんがこっそり出ていくのを偶然目撃した。そうしたらミヤさんが男性の自転車の後ろに跨がっているの。

宮本　河西さんが「どこに行くの？」って訊くので、その人とは二色の浜（同＝貝塚市の海水浴場）に行こうと話していたから「二色の浜」って答えたら、「バレーとどっちが大事なの？」だもん。思わず自転車から降りちゃいましたよ（笑）〉

相手の男性は、どうやら女子社員憧れの的だったらしい。

谷田絹子が言葉を継《つ》いだ。

〈谷田　河西さんが「あ、そう。行ってらっしゃい」と言っていたら、ミヤさんは今日、座談会の場所にいなかったね。

宮本　そう、足を向けて寝られません。当時河西さんはすでに雲の上の人だったし、私のことを「どうせ補欠でしょ」という目でみていたら、そんなことを言ってくれなかったと思う。河西さんの一言で目が覚めたわけ。せっかくここまで二年間、補欠で頑張って来たんだから諦めるのはまだ早い、って〉

ところが、三年目も、四年目も、彼女は補欠の座に甘んじていた。

ガンジーのような細い手足

宮本恵美子が当時の胸中を語る。

「大松先生の言葉が支えでした。広瀬工場長から『あいつは選手として駄目だから、何の役にも立たない。両親の元に帰してしまえ』と言われたとき、先生は『あいつは根性を持っとる。おれに任せてくれ』と反論したんです。感激し、先生の言葉をノートに付け、教えを頑なに守るようになりました。私としても、せっかくバレーの世界に飛び込んだのだから、このまま補欠で終われない、と。有望な後輩が次々入ってきましたので、負けてたまるかという気持ちでした」

大松は彼女を観察していた。

〈わたしはつくづく思った。こいつはただものではない。ふつうのやつだったら、先の見こみがないといわれながら、実に四年間も、後輩はつぎつぎにレギュラーになっているのに、その後輩のたま拾いをしたり、めんどうをみてやったりして、そしてそのあいまに自分の練習をする、というようなことは、できることじゃない〉

宮本恵美子は〝鬼〟の大松がスローガンにしていた「根性」を体現した選手だったのである。

レギュラーの座を掴んだ彼女は、先述したように、ソ連で行われた世界選手権でMVPを受賞し、押しも押されもせぬ「世界一のアタッカー」になった。

〝魔女〟たちは優勝のご褒美《ほうび》として、世界一周の旅に出た。ソ連からイギリスのロンドンに行き、そこからアメリカに渡り、ニューヨーク、シカゴ、ロサンゼルスをめぐり、ハワイでバカンスを楽しんだ。

宮本が思い出す。

「いちばん楽しかったのは、ロサンゼルスのディズニーランドでしょうか。羽田空港に到着し、世界一のトロフィーを手にタラップを降りたら、たくさんの報道陣が押し寄せてきました。『おめでとうございます』と言われ、てっきり世界選手権のことだと思っていたら、違ったんです。『バレーボールが東京オリンピックの正式種目に決定し、おめでとうございます』。その瞬間、みんな凍《こお》り付きました」

〃魔女〃たちは結婚適齢期に差し掛かっており、彼女たちの頭の中は、嫁入りしかなかったからである。

大松がJOC（日本オリンピック委員会）から拝み倒され、彼が魔女たちを説き伏せ、再び猛練習が始まった。特筆すべきは、宮本の練習量だった。

大松が前掲書で綴っている。

〈身長が一メートル七十三あって、体重は六十キロ以内。オリンピック前の猛練習の最中は、それがどんどん減って五十二、三キロになり、ほとんど肉というものがなくなってしまった。まるで、糸をつむぐガンジーみたいな細い手足だから、あいつがスパイクすると、よくあれで折れないものだ、とひとはいった〉

彼女によると、選手たちの日常はオリンピックが迫っても変わらなかったという。

「寮の起床は午前七時で、仕事は八時から。午後四時に体育館に入って練習を始め、七時ぐらいに立ちながらおにぎりをぱくつく。夕食は練習が終わる午前二時以降。それからユニホームを洗濯し、お風呂に入り、床につくのが午前三時すぎ。ですから、睡眠は四時間もなかったですね」

そんな〝魔女〟たちの食事をつくっていたのが、マネージャーの鈴木（現・大野）恵美子（76。東京都在住）だ。

「おにぎりは食べやすいうえに、すぐにエネルギーになるから、間食にいいんです。夜の献立は、レタスの酢味噌《すみそ》和えや、牛肉の甘辛煮《あまからに》など、ご飯がすすむものが中心。夏は汗がたくさん出るので、塩分補給のため、麦茶に梅干しを入れました」

日曜日だけは早く練習が終わるため、〝魔女〟たちは〝鬼〟を映画に誘ったという。

「近くの岸和田にある映画館で西部劇が封切られると、部員全員で出かけました。先生はインディアンをやっつけるジョン・ウェイン主演の『黄色いリボン』かなんかを見て興奮しているんですが、選手たちはいつもスヤスヤ。そのあと、大阪の難波に出て、中国料理のフルコースをご馳走《ちそう》になり、仕上げに喫茶店でチョコレートパフェを食べ、タクシーで帰ってくるのが、みんなの唯一の楽しみ、骨休めでした」

宮本恵美子の大松評は、これ以上ないものだった。

「私たちにとって大松先生は、お父さんであり、お兄さんでもあり、恋人でもあったと思います。男の人はまわりに先生しかいなかったし、先生は背が高くて男らしいでしょ。だから、みんな憧れていました」

ソ連戦三日前の〝事件〟

東京オリンピックが始まり、破竹の勢いで勝ち上がった大松ジャパンだが、十月二十日夜、駒沢屋内球技場で〝事件〟が起きる。

そのときのことを、河西昌枝が『お母さんの金メダル』という本に記している。

〈ソ連戦を三日後に控え、調子も上々、あとはサーブレシーブをやって今日の練習は終わり、というそのとき、先生を怒らせる事件が起こったのです。

相手コートのバックに二軍選手が三人入り、交代でサーブを打ってもらい、レギュラー六人がレシーブし、トスしてスパイクを打ちます。相手のバックに入った三人がレシーブできなかったら一本と数え、それが十本決まったら、ポジジョンがひとつ回る。サーブポイントをされるとマイナスになるという練習でした〉

その練習が長時間に及び、河西が、

「もっとやさしいサーブを」

と、二軍選手に耳打ちし、彼女たちも気をきかせてサーブを打ったのだが、大松の目は誤魔《ごま》化《か》せなかった。

「ワシが打つ！」

大松は叫び、強烈なサーブを放ち、いつまでも終わらず、時間だけが過ぎていく。

（いいかげんにしてよ…）

河西も、ほかの五人も同じ気持ちだった。我慢は限界とばかり、河西が代表して大松に直訴《じきそ》した。

「先生、試合直前だし、今日はもうやめてください」

すると、大松の顔色が変わった。

「勝手にしろ！」

声を張り上げ、体育館から出ていったのである。河西はもちろん、〝魔女〟たちが大松の後を追う。

「すみませんでした。一生懸命やりますから、もう一度お願いします」

彼女たちは何度も頭を下げたが、大松は許さなかった。

〈十月二十日の夜といえば外はもう寒く、押し問答をしているうちに汗をかいていた体が冷え始めてガタガタ震えがくるほどでした。二十分ぐらいみんなでお願いし、なんとか先生にコー

トに戻ってもらったのですが、あれは忘れられない思い出です〉

この〝事件〟は、選手に活を入れ、チームを一枚岩にするため、大事な試合前に敢行《かんこう》する大松一流の〝儀式〟であった。

ソ連との決戦が始まる直前の様子を、作家の三島由紀夫《みしまゆきお》が次のように描写している。

〈七時十五分、赤いトレーニング・シャツの大松監督があらわれ、イスに掛けて、ごう然と足を伸ばす。いつにかわらぬ、シェパードのような精かんなその顔に、なんの表情もあらわさない。

選手たちの登場。宮本がそのすらりとしたからだと、リスを思わせるかわいらしい顔で、機械人形のようにおじぎをする。

東側の選手家族席では、宮本のおとうさんがなくなったおかあさんの大きな写真をヒザに抱いて観戦している……〉（「報知新聞」一九六四年十月二十四日）

試合が始まったのは、午後七時三十七分。日本は第一セットと第二セットを圧勝したが、第三セットは大熱戦になり、一四対一三と一点差に迫られた。

それからは、戦《いくさ》に譬《たと》えるなら、とどめを刺す手柄争いだった。〝金メダルポイント〟になり、サーブは半田百合子、松村好子、磯辺サタ、谷田絹子、河西昌枝に回ったが、最後の一点が取れなかった。

次のサーブは、六人目の宮本恵美子。この試合、彼女は土壇場の三セット目に二本のサービスエースを決め、心の余裕があった。

「最後のサーブは先生直伝の〝木の葉落とし〟。このときばかりは決めようと思わず、入れときましょうという気持ちで打ったのが幸いしました」

力を抜いたぶん無回転サーブの変化が鋭く、相手の守備を乱し、必死に返そうとしたブルタコーワの手がネットを越え、反則のオーバーネット。主審のケットナー（チェコスロバキア）の笛が鳴り、日本の金メダルが決まったのである。宮本恵美子が両手で顔を覆い、体を震わせた。ほかの選手も顔をくしゃくしゃにして近寄ったが、河西だけは表情を崩さなかった。

宮本恵美子が語る。

「チームを牽引した〝お父さん〟は言うまでもなく大松先生ですが、チームの精神的支柱だった〝お母さん〟は、河西昌枝さんでした」

しかし、運命は残酷で、〝父〟と〝母〟の死は突然訪れる。

V 急死した〝長女〟と〝末娘〟

河西昌枝の結婚

〝東洋の魔女〟の長女格だった河西昌枝（当時31）が、見合いのため世田谷区代沢にある佐藤栄作首相の私邸に向かったのは、東京オリンピックが終わって半年後の一九六五年四月七日のことである。

佐藤の私邸は、粋を凝らした日本建築で、庭の茶室は病床の岩倉具視《いわくらともみ》を明治天皇が見舞った建物を移築したものである。

河西を満面笑みで迎えたのは佐藤夫人の寛子《ひろこ》。二〇〇組の縁談をまとめたという伝説の持ち主であった。

河西の自伝『お母さんの金メダル』によると、応接室には見合い相手の自衛隊二尉・中村和夫と自衛隊幹部が並んでいた。

〈「中村和夫です。東京オリンピック、ご苦労さまでしたっ」

肩に階級章のついた、紺色の自衛隊の正装に身を固めた男性がパッと立ち上がり、軍隊式に礼をすると、よく通る軍隊口調であいさつしてきました〉

のちにわかったことだが、中村は空挺部隊に所属し、落下傘降下九二回という記録を持つ精兵だった。

ほどなく佐藤栄作が帰宅した。

〈「大事な席に留守をしてすまなかったね。とにかく、日本の将来を背負って立つ男性と、国民的ヒロインの女性の仲を取り持つという、大変なお役目をおおせつかったものだからね。総理大臣になりたての私（筆者註＝前年十一月）のことより、オリンピックで金メダルを取った河西君のほうが、国民には名が知れ渡っているんだからね。アッハッハッ」〉

佐藤が河西の婿捜《むこさが》しを頼まれたのは、正月のテレビ番組で大松博文に会ったときだった。大松が佐藤に頭を下げたのは、作家の山岡荘八から寛子夫人の仲人伝説を聞いたからにほかならない。

綽名《あだな》好きな大松は河西のことを「ウマ」と呼んでいた。

〈「みなさまがごらんになっておわかりのように、この人は、ウマが河西に似たのか、河西がウマに似たか、駿馬中の駿馬のような顔をしております。足もすらっとして長い。顔もからだも、ロバではなくて、駿馬です。ですから、この世界一のトサー（同＝セッター）の愛称は

〝ウマ〟なんです」〉（大松博文著『なせば成る！』）

見合いから四日後、河西は中村から「大松先生に会いたい」と言われ、東京・四谷の「とみた旅館」でセッティングした。大松と中村が国家論から教育問題まで幅広く意見を戦わすのを、河西は目を細めて聞いていたという。

一週間後、河西は彼の兄・中村正軌《まさのり》（『元首の謀反』で直木賞受賞）の横浜の家へ挨拶に出向き、中村の両親とも会った。

河西は緊張していたが、帰り際に中村の母・菊恵のスーツに糸くずが付いているのに気づき、そっと取り除いたことで、中村家の人たちから合格点をもらったのだった。

その日、河西は中村に車で送ってもらい、思わぬ展開になった。

〈車から降りようとドアに手をかけたとき、中村がひとこと私に、

「どうする？」

と聞いたのです。そのことばを待っていた私は、ふるえる小さな声で答えました。

「よろしくお願いします」

そっと差し出した私の手を中村がギュッと握りかえしてくれたとき、私は胸がいっぱいになり、心の中でこうつぶやきました。

（今までは大松先生についてきたけど、これからはあなたについていきます）

全身が幸せにふるえる、感動的な瞬間でした〉（前出『お母さんの金メダル』）

五日後、河西は中村といっしょに市ヶ谷会館で婚約記者会見に臨み、挙式は五月三十一日、媒酌人は佐藤栄作夫妻と決まった。四月七日の見合いから二カ月に満たないスピード結婚であった。

谷田絹子　七十歳の回転レシーブ

〝魔女〟たちの結婚ラッシュが始まったのは、東京オリンピックが終わった翌年の一九六五年。最初が半田百合子、二番目が宮本恵美子、そして三番目が前出の河西昌枝。

そして、しんがりがエースアタッカーとして日本に金メダルをもたらした谷田絹子であった。

「正直な話、五、六回、お見合いをしました。話題が東京オリンピックになり、私が〝魔女〟だとわかると、『すみません、幸せにする自信がありません』と断られました（笑）」

そんな彼女が結婚するのは、オリンピックの六年後。相手の井戸川訓敏は、専修大学ラグビー部出身で、大阪の鉄工所に勤務していた。

彼女が気に入ったのは、安定した収入のあるサラリーマンだったこと。話はトントン拍子に進み、五月に結婚。彼女の実家がある大阪府池田市の文化住宅で新婚生活が始まったが、しだいに雲行きが怪《あや》しくなっていく。

「主人は堅実なサラリーマンとあって、私は平凡な主婦の日々を楽しんでいたんですが、突然、『脱サラや。おれは蕎麦屋《そばや》の修行をする』と言いだしたんです」

彼女の実家が蕎麦屋で、兄が店を切り盛りしていた関係で、弟子入りを志願したのである。

（商売が嫌で、サラリーマンといっしょになったのに……）

彼女は落胆したが、夫の意思は強固だった。兄の店で修行を始め、免許皆伝になると、今度は故郷の宮崎県日南市で店をやりたいと言いだした。

すでに長女も生まれていたが、このときも井戸川は譲らず、絹子は夫の故郷に引っ越しを余儀なくされた。

こうして日南市で蕎麦店を開くことになったのだが、彼女は自分でも何かやりたくてスナックを始めた。店の名前は、なんと「魔女」だった。ところが、運命の悪戯《いたずら》か、山口県に彼女の三番目の兄がいて、「こっちへ来ないか」と誘われ、今度は徳山市（現・周南市）のデパートで蕎麦店を開くことになった。

谷田絹子の第二の人生は、西へ東へと大忙しだった。彼女が落ち着きを取り戻すのは、故郷の大阪府池田市に帰り、バレーボールの指導を初めてからだった。

二〇〇九年春、池田市のイベントに、彼女のためならと、〝魔女〟たちが全員顔を揃えた。参加者から「回転レシーブ」についての質問が出て、みんなが実演することになった。

まず、「回転レシーブ」が得意な松村好子が成功。次に半田百合子もくるりと回った。そして、谷田絹子の順番になった。彼女は現役時代から「回転レシーブ」が大の苦手だった。緊張のあまり力が入りすぎ、左足を滑らせ、膝を強打した。

失敗したのを見て、池田市長がマイクを握った。

「七十歳の回転レシーブです」

しかし、市長の言葉はフォローになっていなかった。谷田絹子は痛いやら恥ずかしいやらで、立ち上がることができなかったのである。

事業で成功した松村好子

必殺サーブ〝木の葉落とし〟と世界一の〝回転レシーブ〟で日本に金メダルをもたらした松村好子が結婚したのは一九六九年。〝魔女〟では四番目だった。

現在、大阪府枚方市の豪邸に住む松村（現・神田。77）が、人生を振り返る。

「十九歳から二十二歳までがバレーボール。二十七歳までが主人との恋愛。結婚して三十五歳までが育児。四十歳までがママさんバレー。四十歳からが仕事。そして、いまは旅が楽しみの日々です（笑）」

彼女がニチボー（日紡貝塚）を退社し、大松博文の紹介で大阪のゴルフ用品会社に入社したのは、東京オリンピック翌年の四月であった。

職場で知り合い、やがて結婚することになるのは、彼女より身長が二センチ高い男性であった。

彼女は三人の男の子をつづけて授かるが、いずれも大変な難産《なんざん》だった。

「長男は仮死状態で出てきました。大病院だったんですが、小児科の先生が泣き出して、一時はどうなるかと思いました。次男はヘソの緒を首に三重に巻いて出てきました。お医者さんからは、初産やったら死産になっていたと言われました。先生の顔が引《ひ》き攣《つ》っていました。妊娠六カ月までバレーボールをしていたのがいけなかったのかもしれません。その点、三男は、私が運動を自重したため、なかなか出てこなかっただけ。先生の顔が青ざめただけですみました（笑）」

三男が小学校に入学し、子育てが一段落すると、彼女は仕事を始める。

「近所の人から『一万円以上買うと二五パーセント引きになる』といわれ、女性用下着を買ったのがきっかけでした。最初は買うつもりがなかったんですが、東京オリンピックの金メダリストが一万円ぐらい買われへんのかという顔をされたので、頭にきて一万円だけ買ったんです（笑）。それが仕事をする契機になりました」

「シャルレ」という女性用下着を中心に販売する衣料商社だった。

いっしょに仕事をしないかと誘われ、最初は断っていたが、代理店や特約店としてホームパーティー方式で販売する仕事は、社交的な彼女に合っていた。

「最初、サンプルがきて、二週間で一四〇万円ほど売り上げ、一年間だけやってみようと思って始めた仕事が、三〇年以上つづきました。気付いたら、トータルの売り上げが一五億円に達し、会社から特別表彰を受けていました」

自宅はいつしか赤煉瓦造りの三階建てになっていた。難産の末に生まれた三人の男の子は、健《すこ》やかに育ち、立派な社会人になった。

「高校までバレーをしていた長男は、川崎のIT企業に勤務しています。甲子園には出られませんでしたが、野球に熱中した次男は、いま仕事で中国の無錫にいます。三男は北大の薬学・医学博士になり、同好会でバレーをつづけています」

応接間には旅行先で撮った写真が所狭しと飾られていた。

「ことし（二〇一八年）のGWには、主人とダイヤモンドプリンセス号に乗ってアジアをめぐりました。そんなわけで、思い切り人生を楽しんでいます（笑）」

我慢が仇になった河西と磯辺

河西昌枝と中村和夫が市ヶ谷会館で華燭の典を挙げたのは、一九六五年五月三十一日であった。

大松博文は控え室で純白のウエディングドレス姿の河西に会い、

「ウマ、きれいだぞ」

と声を掛けた。

披露宴の招待客は河西の綽名を知っているだけに、大松に顔が似ていることから映画「おれについてこい」の主役になったハナ肇《はじめ》の挨拶には大爆笑だった。

〈「……聞くところによりますと、河西さんは大松先生から〝ウマ〟と呼ばれていたそうです。今日、中村和夫さんを拝見しましたところ、俳優の藤田まことさんによく似ております。藤田さんの顔もウマです。ウマとウマが結婚したわけですから、おふたりはウマが合ってきっとウマくいくと思います……〉（前出『お母さんの金メダル』）

実際、河西の人生はそれから順風満帆だった。翌年の七月十日には長男が生まれ、三年後には長女、その一年後には次男も授かった。

子育てが一段落すると、〝魔女〟たちに声を掛け、ママさんバレーを始め、国体で優勝するなど、彼女の行くところ、話題が尽きなかった。

二〇〇三年から二年間は全日本の女子強化委員長を務めたが、練習中は決して椅子に座らなかった。ストイックな姿勢は現役時代と変わらなかった。そんな彼女に突然病が襲う。

谷田絹子は近著『私の青春・東洋の魔女と呼ばれて』で、河西の死にふれている。

〈河西さんは全然自分の体を大切にしない人でした。たまたま東京で皆が集まったとき、「明後日から、中国行くのよね」と言ってらした。

「昨日ね、大きなカバンを広げて荷物を詰めて、ふた開けてたのを忘れて、夜中に起きて、そのカバンの上をガシャガシャと歩いたら、転んで膝の下をガーっとえぐられたようなケガしたんよ」

そのまま包帯もなし。

「頼むから病院行ってちょうだい、病院に行かないんだったら自分で包帯してください」、私と松ちゃん（同＝松村好子）の2人で「お願いします、河西さん」って頼んだんですよ〉

ところが、彼女は中国行きを断行。帰国後、風邪をひいて入院する。

〈「お見舞いに行く」とご家族に連絡したら、「来てもらっても、お話も出来ない程、衰弱しきってます」。嘘でしょって。（中略）。そしたらその日の夜に亡くなったんです〉

二〇一三年十月三日のことだった。病院に駆けつけた〝魔女〟たちは、「脳出血」という死因に納得できず、途方に暮れた。

河西が八十歳で旅立ったのは、二〇二〇年の東京オリンピック開催が決まった年だった。その河西の跡を追うように、三年後の二〇一六年十二月十八日、今度は〝魔女〟の〝末娘〟ともいうべき磯辺サタが七十二歳で帰らぬ人になった。

東京オリンピックのとき、彼女は二十歳。切れ味鋭いスパイクで、決勝のソ連戦は河西と並ぶ最多の五得点を挙げている。

前年はヘルニアの手術。オリンピック三カ月前は膝の手術。結団式が行われた十月一日は左手親指の化膿性炎症の手術。満身創痍《まんしんそうい》にもかかわらず、死力を尽くし、日本に金メダルをもたらした彼女のことを、大松は自著『なせば成る！』に、万感の思いを込めて綴っている。

〈磯辺サタという貧しい孤児の胸に輝いたあの一つの金メダルほど、世に燦然たる光輝を放ったものがあろうか。わたしはオリンピックに勝って泣いたのではない。こういうやつらの、うれしい姿に涙が止まらなかったのだ〉

彼女は二歳のときに父が戦死し、母を病気で失い、六人きょうだいは離ればなれになった。千葉県香取郡の祖母宅に預けられ、神崎中学でバレーボールをしているとき、大松にスカウトされ、日紡貝塚に入社。だが、中卒の選手は一人だけだったことに引け目を感じ、四天王寺高校に入学。卒業後、日紡に舞い戻り、レギュラーの座を掴んだ苦労人だった。

四天王寺高校の先輩、松村好子が磯辺サタの最期を語る。

「磯が亡くなったのは、ご主人（同＝丸山繁寿。大阪で洋品店経営）の四十九日でした。前日、スーパーで友人から『丸山さーん』と声を掛けられたとき、『きょうは、しんどいから話しかけないで』と答えたほど体調が悪かったんですが、病院には行かずじまいでした。翌日、四十九日の日、『足が冷たい』と次男にこぼし、『風呂に入って温《ぬく》もったら』と言われ、風呂場に向かったんです。ところが、なかなか出てこないのを次男が不審に思い、風呂場に行ったら、湯船に浸かったまま亡くなっていたんです。死因は定かではありませんが、心臓発作か何かでしょうね。河西さんもそうでしたが、私たちはしんどくても我慢するんです。厳しいバレーの練習をし、我慢することが当たり前だったことが仇になったとしたら、あまりにも可哀想で……」

神様はそんな磯辺サタに四人の子を授け、粋な演出を施している。

長男の丸山繁守《しげもり》は、母の運動神経を受け継いだのだろう。ソウルオリンピック（一九八八年）の競泳選手に選ばれ、男子一〇〇メートル背泳ぎ（一二位。五七秒一三）と、男子二〇〇メートル背泳ぎ（予選落ち。二分九秒一六）に出場した。

磯辺サタと丸山繁守は、晴れて母子二代のオリンピック選手になり、歴史に名前を刻んだのであった。

VI 二人の娘が語った〝鬼〟の素顔

岡山で倒れた大松

東京都世田谷区下馬《しもうま》の閑静《かんせい》な住宅街にある大松博文宅に、けたたましい電話の呼び出し音が鳴り響いたのは、一九七八年十一月二十三日の深夜。日付が二十四日に変わろうかという時刻であった。

夫人の美智代（当時47）が受話器を取ると、切羽詰まった男の声が聞こえてきた。

「大変です。大松先生が危篤《きとく》です。すぐにいらしてください」

夜中の電話に驚いて飛び起きた次女の緑（同24）が、四〇年前の出来事を思い出す。

「電話の主は、父のバレー教室に同行し、岡山県井原市にいた旧知の新聞記者でした。『すぐに』と言われても、飛行機はもちろん、新幹線に乗れる時刻でもありません。困っていると、記者の方から『車で来ていただけませんか』と言われ、急いで身支度を始めたんです」

美智代は車を運転できなかったが、緑は高校のときに免許を取得し、幸いドライブが趣味だった。

二歳上の長女・美文（青山学院大学文学部仏文科卒）が、トヨタに勤務する男性と結婚してアメリカのロサンゼルスに住んでいたため、一年前に遊びに行き、広いハイウェイを疾走《しっそう》した経験があった。緑も姉と同じ青学の英文科を出ていた。

そんな二人に今回取材したのは、彼女たちが青春を謳歌《おうか》した渋谷にある喫茶店だった。意外なことに、大阪に住んでいた少女時代は、父娘関係が極めて希薄だったという。

「平日は完全に擦《す》れ違《ちが》いでした。私たちが学校に行くときは、父が寝ていますし、父が会社から帰ってきたときは、私たちが眠っています。日曜日だけは希に『諏訪ノ森』（南海本線）まで一緒に歩いて行き、駅前の本屋さんで『小学二年生』か何かを買ってもらったことがありました。思い出すのはそれくらい。家で『学校、どや?』と聞かれても、『別に……』と答えるだけでしたから（笑）」（次女・緑）

「東京オリンピックの三、四年前でしたか、お正月に南紀白浜の宿に二日間泊まったことがありました。母の父が松坂屋に勤めていた関係で、会社の保養所みたいなところに泊まったんです。それが、おそらく唯一の家族旅行だったと思います。そのとき、父と何を話したかは覚えていません。だって、ずっと寝ていましたから（笑）」（長女・美文）

バレーボールに人生のすべてを注ぎ込んだ大松にとって、家は帰って寝るだけの場所だったたのかもしれない。

危篤の電話を受け、美智代と緑が慌ただしく世田谷の家を出ると、外は木枯らしが吹いていた。巨人が江川卓と契約を交わし、空白の一日事件が勃発《ぼっぱつ》した三日後のことだった。

車のハンドルを握った緑は、急がなければならないと思い、必死にアクセルを踏んだ。

「そのとき運転した車はセリカ（トヨタ）のスポーツタイプで、後ろの天井がパカッと開くやつでした」

東名高速道路に乗り、制限速度ぎりぎりで西へ西へと突っ走った。大松が倒れた広島県との県境にある岡山県井原市まで九〇〇キロもあった。

その頃、大松は病院のベッドの上で、「えらい（苦しい）、えらい……」を連発し、七転八倒していた。

死因は心筋梗塞

大松が旅支度をして世田谷の家を出たのは十一月二十一日。所用を済ませ、井原市の一新旅館に草鞋を脱いだのは二十二日のことである。

翌二十三日は、午前十時から午後四時まで県立精研高校（二〇〇八年に閉校）の体育館で行われた「報知バレーボール教室」で、六〇人のママさんバレーの選手にサーブ、レシーブを指導。当時、バレーボール協会参与だった大松は、報知新聞の嘱託《しょくたく》でもあった。
宿に戻ったのは午後六時。風呂で汗を流し、地元バレーボール関係者やママさんバレーの選手たちと鶏の水炊きを囲んだのは七時。大松は一滴も酒を飲まなかったが、十時半まで付き合って自室に引き上げた。異変が起きたのは、一時間後の十一時半だった。旅館の女将《おかみ》・川上恒子が証言している。
「先生のお部屋から妙な声が聞こえるというので、飛んで行きましたところ、テレビがつけたままになっていて、先生がのたうちまわって苦しんでおられました。それで、大急ぎで救急車を呼び、病院へお運びしたんですが……」（『女性自身』一九七八年十二月十四日号）
運ばれた先の井原病院・古城昌敏院長は、こう話している。
「運ばれて来たときは、顔に大汗をかいて、呼吸も速く、唇や爪にはすでにチアノーゼ（紫色になる）が出ていました。ご本人も苦しみもがきながら〝えらい、えらい。もう、もたない〟としきりに訴えておられました。
心電図をとって、心筋こうそくであることが確認できましたが、呼吸困難、不整脈、肺水腫など、非常に危険な症状が出ておりましたので、関係者の方に、すぐご家族に連絡を取るようすすめました」（前掲同書）
大松が息を引き取ったのは、十一月二十四日午前一時二十分。五十七歳という若さであった。

その頃、次女・緑が運転するセリカは、東名を飛ばしに飛ばしていた。当時は、むろん携帯もスマホもなく、大松の訃報《ふほう》を知るすべはなかった。緑は運転に集中しながら、助手席に座る母・美智代の様子を窺ったが、動揺した様子はなかった。

「母は取り乱したりはしませんでした。内心はわかりませんが、表情はいつもどおりでした」

大松より十歳下の美智代は、大阪府堺市の泉陽《せんよう》高校出身。与謝野晶子《よさのあきこ》から橋田壽賀子《はしだすがこ》まで数多くの有名人を輩出したお嬢さん学校だった。

東京オリンピックの翌年、美智代は「私にしかわからないニチボーを去る夫の孤独」という手記を発表していた。

〈あの日――十月二十三日対ソ連戦が近づくにつれ、夫は完全な不眠症に陥ってしまったのです。

「もうどうなってもいいのよ、あなたは苦しむだけ苦しんだんですもの」

私は、心の中の夫にそっと言いました。

大松の生涯に、私の一生に、あれほど輝かしくもまた晴れがましい日が二度とあるでしょうか。

日本がとうとうソ連に勝った！（中略）。試合後、私は控え室を訪れました。（中略）。私は泣きました。大松も、私のからだをすっぽり抱きかかえ、手を取って、たった一言、こう言いました。

「美智代、ありがとう」

だだっ子のような夫。自信に満ち、目を輝かせた夫。しかし、顔はゆがんでいました。その時、私ははじめて夫の涙を見たのでした。それは、夫の一生に一度の涙であったかもしれません……〉（『ヤングレディ』一九六五年二月十日号）

緑が運転するセリカは、東名から名神を経て、中国自動車道に入った。

「岡山県西部の高梁川《たかはしがわ》を渡り、目的地が近づくにつれ、黒い喪服を着た人たちと次々擦れ違い、父は亡くなったのだと思いました。母も同じことを感じたはずですが、口には出しませんでした」

大松の遺体が安置された妹尾正一郎（岡山県バレーボール連盟副理事長）の家に着いたのは、午前十時過ぎだった。

変わり果てた夫に対面した美智代は、のちにこう話している。

「主人の顔は土気色《つちけいろ》で、とても苦しそうな表情でした」

多い日は一日にハイライトを一八〇本、コーヒーを二〇杯も飲んでいただけに、心臓に悪影響を及ぼした可能性は少なくないが、緑によると、こんな指摘もあったという。

「掛かり付けのお医者さんの話ですが、心臓に異変を感じたのは、そのときが初めてでなかったはずだと。我慢強い人でしたから、体調不良があっても、家族にも誰にも告げなかったのかもしれません」

病気やケガは気持ちで治ると〝魔女〟に説いてきただけに、弱みを見せられなかったのかもしれない。

大松の遺体を乗せた霊柩車《れいきゅうしゃ》に美智代と緑も乗り込み、東京にトンボ返りしたのは、井原市に到着してから二時間後のことだった。

その束の間の滞在中に美智代に電話した人物がいる。大松が参議院議員時代（一九六八年～七四年）に公設第一秘書を務めた山口県在住の長谷川忠男であった。

「実をいうと、その日、大松先生は私の二回目の柳井市議会議員選挙の応援に来てくれることになっていたんです。それで先生をお迎えするため、私は広島まで行っていたんです。ところが、急にああいうことになられ、奥様に『これから駆けつけます』と連絡したんです。すると、『あなたの顔を見ても、主人は喜びませんよ。来るのは、当選してからにしなさい』と、ぴしゃり。それで、当選した日に上京し、お墓参りをさせていただいたんです。大松先生がバレーボールの世界で歴史に名を刻んだのは、そんな奥さんの内助《ないじょ》の功《こう》ですよ」

気丈だった母・美智代

大松を乗せた霊柩車は、名神から東名に入り、東へ東へと向かった。世田谷区下馬の自宅に着いたのは、十一月二十五日午前一時四十七分。未明だったが、〝魔女〟たちや関係者が待ち構えていた。

東京オリンピックのとき主将だった中村（旧姓・河西）昌枝は、こう話している。

「三カ月前の八月に先生とお会いしたのが最後になりました。本当なら、明日に静岡県富士宮市で行われる大昭和製紙のママさんバレー大会で再会することになっていて、楽しみにしていたんですが……」

棺が〝魔女〟たちの手で家に運び込まれ、枕経が終わると、美智代は玄関脇の部屋で報道陣に囲まれた。

——ご主人との最後は？

「二十一日です。ふだんどおり、『行ってくるよ』と出かけました」

——岡山からお電話は？

「旅先から電話をしてくる人ではありませんでした」

——心臓が悪かったのですか？

「もともと病院嫌いでしたから、健康管理には無頓着《むとんちゃく》でした。今回、出かけるときは風邪気味でした」

——忙しすぎたのでは？

「仕事が命の人でしたから。暇なときは、家で寝ているか本を読んでいるかでした」

——心残りは？

「せめて下の娘（次女・緑のこと）が結婚するまで生きてほしかった」

美智代は取り乱すことなく、しっかりと質問に答えた。

そのとき、アメリカのロサンゼルス在住の長女・美文は、連休でグランドキャニオンに行っており、通夜に間に合わず、十二月五日に青山斎場で行われた告別式に駆けつけた。

斎場には参議院議長の安井謙から女優の淡島千景まで、大松との別れを惜しむ約三〇〇〇人が参列した。そのうちの半数がママさんバレーをしている喪服姿の女性だった。

祭壇にはバレーボールをあしらった生花と、死の一週間後に贈られた勲二等瑞宝章が飾られていた。

美文は前年秋に結婚し、渡米したため、大松からエアメールを何通も受け取っていた。大松の綽名好きは監督時代と変わらず、美文の夫を「ちゅんちゃん」と呼んでいた。

「手紙を読んで、元気だと思っていましたから、大ショックでした。千葉に住む叔母（大松の妹）の涙顔を見たら、足腰の力が抜け、へたり込みそうになりました。救いは、母が参列者のみなさまにしっかり対応していたことです……」

バレーボールの墓石に「根性」の二文字

美文によると、美智代は晩年になってから、人が変わったように過去の話をするようになったという。

「母の二歳下の弟が、終戦直前の昭和二十年七月に亡くなったことは聞いていたんですが、詳細は知りませんでした。真相は大阪大空襲で落ちた不発弾を友人といじっているうちに爆発し、お腹に大量の破片《はへん》が突き刺さった事故死でした。母の気丈な性格は、それが原点になっていたのかもしれません」

大松の話題も、ときどき出た。

「たとえば、夢枕《ゆめまくら》に立つのはいつも母親ばかりで、旦那は出てきたためしがないとか（笑）。生きているときは何もしなかったのだから、最後ぐらいは迎えに来てほしいと思ったのでしょうか。なにしろ、私も妹も難産の末に産まれたんですが、産婆さんが悲鳴を上げている最中に、『郵便、出しといて』と言い残して仕事に出かけたくらい。もしかすると、積年の恨み辛みもあったのかもしれません（笑）」

美智代が帰らぬ人になったのは、二〇一六年十二月二十九日だった。

「〝魔女〟の磯辺サタさんのご主人が亡くなられ、お花代を振り込ませていただいた日でした。昼に好物のチャーハンを店で注文し、残りを持ち帰って夜に食べ、午後十一時ごろ、折り紙をしながら眠るようにして逝きました」

こんな偶然があるのか、大松と同じ心臓の病気で、死因は大動脈解離《だいどうみゃくかいり》であった。最期だけは、さすがの大松も迎えに来たのかもしれない。

大松と美智代が眠る神奈川県鎌倉市の北鎌倉にある寺を訪ねたのは、大松の四〇年目の命日になる二〇一八年十一月二十四日のことだった。

境内には、美しい十月桜（冬桜）が開花し、寺に足を運ぶ人たちの心を和ませていた。大松の墓所は、なだらかな小山の中腹にあった。

墓はいかにも似つかわしい造りだった。「大松博文の碑」と彫られた黒御影石の上には、バレーボールを象《かたど》った円形の墓石が乗せられ、黒抜きで「根性」という文字が刻まれていた（帯写真参照）。その二文字は、言うまでもなく大松のバレーボール人生を象徴する言葉だった。

前出の元秘書・長谷川忠男が〝鬼〟のゆえんを話してくれた。

「人間、ケガすると凶《きょう》と捉えがちだが、私（大松）は吉《きち》と受け止める。なぜなら、あとは良くなる一方だからだ。人間には手が二本、足が二本ある。たとえば、左手を骨折したとすると、力は二五パーセントマイナスになり、七五パーセント。そのマイナスを何くそという気持ちで補おうと努力したら、どうなるか。骨折が完治したとき、気持ちが強くなったぶんだけ一〇〇パーセントを超える力になっている」

「気持ち」が「肉体」を越える。これこそが大松が説く「根性」だったのである。

東京オリンピック後、大松はしばしば「根性」の権化に祭り上げられたが、誤用されることも少なくなかった。「根性を入れる」という言葉があるように、焼《や》きを入れるという意味の「体罰」が、いつしか「根性」と同義語になったのである。

二〇一八年の日大アメフト部の事件が典型的だが、スポーツ界の一連のパワハラは、大松の「根性」とは異質なものといっていい。

〝東洋の魔女〟の一人、谷田絹子は端的に表現している。

「大松先生は厳しい監督でしたが、怖い人ではなかった」

いくら練習でしごかれても、殴られたことは一度もなかったからにほかならない。

美文と緑の取材は、二時間以上の長きに及んだが、最後にぽつりと語った美文の平凡な言葉が心に残った。

「父はやさしい人でしたよ」

緑も、大松が手を上げたことはもちろん、声を荒げたことさえなかったと補足した。

大松は自伝『おれについてこい！』の最終章に記している。

〈わたしは、子どもから、うちのおとうさんはエライ人だと思われるより、やさしいおとうさんだと思われたいような気がします〉

娘たちから「やさしい人でした」と言われ、大松は嬉しさのあまり、草葉《くさば》の陰《かげ》で照れ笑いを浮かべているにちがいない。

〈あとがき〉 光は等分の影を持つ

スポーツノンフィクションを一冊の本にまとめる作業を始めて三〇年の歳月が流れた。振り返ると、取材・執筆期間は「平成」だったが、テーマの対象だった時代はほとんどが「昭和」であった。

「昭和」というのは「光」と「影」が激しく交錯した時代。いうまでもなく最大の「影」は不幸な戦争だが、対極にある眩《まぶ》しい「光」は何だったのかと考えると、一九六四年の東京オリンピックに行き着く。

「平成」を経て、「令和《れいわ》」の時代に入った今だからこそ、東京オリンピックが放った「光」が鮮やかに見えてくる。

不思議なことに、「光」を書きたいと思って始めた今回の仕事だったが、取材を重ねれば重ねるほど「影」の世界、いわば深い闇の中に入り込んでいった。

最初から、自殺した猪熊功、圓谷幸吉、依田郁子、浦上涼子の四人のことを書きたいと思ったわけではない。当初は、漠然としたイメージで、アントン・ヘーシンク（オランダ）に袈裟固めで抑え込まれて銀メダルに終わった神永昭夫と、国立競技場に入ってベイジル・ヒートリー（イギリス）に抜かれて銅メダルになった圓谷幸吉の〝敗者の十字路〟を書きたいと思ったにすぎない。

二人の「影」にスポットライトを当てれば、それまで見えなかった東京オリンピックの「光」が必ず見えてくるという確信があったからである。

戦後、もっとも多くの「光」を浴びたアスリートは野球界の長嶋茂雄と王貞治だが、長嶋のルーツを辿ると、江戸時代の享保《きょうほ》年間まで遡り、王の父・仕福の故郷を訪ねると、中国浙江省青田県馮垟村に至り、「光」は等分の「影」を持つという真理にふれた。

神永と圓谷の足跡を追う途上で、猪熊の金メダルと君原健二の銀メダル（メキシコオリンピック）が放つ輝きの意味がわかってきた。

重量挙げの三宅義信（三男）・義行（四男）兄弟が語った〝貧乏物語〟は、東北の苦難の歴史だった。二人だけではなく、神永昭夫（四男）も、圓谷幸吉（六男）も、同じ東北生まれ。日露戦争以来、異国の土になった兵士たちの多くは、東北出身の若者だった。東北の〝貧乏物語〟は、昭和三十九年の東京オリンピックまでつづいていたのである。

家庭的に恵まれなかった〝東洋の魔女〟たちを率い、金メダルを獲得し、空前のテレビ視聴率六六・八パーセントを記録した女子バレーの大松博文は、東京オリンピックの「光」をいちばん多く浴びた監督だが、かつて二万人以上の餓死者を出したインパール作戦に従軍し、九死に一生を得た男だった。彼ほど「昭和」の「光」と「影」を体現した人物はいない。

光は等分の影を持つ
影は等分の光をもたらす

二つのパラドクスは、精神と肉体の葛藤劇が唯一最大のテーマであるスポーツノンフィクションの核心なのである。

この本は、月刊『潮』の二〇一七年六月号から二〇一九年二月号に至る連載を、加筆訂正したものである。本文中は、読みやすさを優先し、敬称を略させていただいたことを、ご理解賜りたい。

連載時も、新書化にあたっても、『潮』副編集長の末松光城さんにひとかたならぬお世話になった。この場を借りて厚く御礼申し上げたい。

スポーツノンフィクションとは何なのか。三〇年の歳月を経て一筋の光明が見えてきたとき、ゴール地点が迫ってきた。わたしの長い無明《むみょう》の日々ゆえであろう。

タイトルにした「挽歌《ばんか》」とは、昔中国で葬送の際、棺《ひつぎ》を挽《ひ》く者たちが死者を哀悼した歌のこと。口幅ったい表現で恐縮だが、拙著を天国の猪熊功さん、圓谷幸吉さん、依田郁子さん、浦上涼子さんのサムライたちに捧げたい。

末尾ながら、二〇二〇年の東京オリンピックの成功を祈念すると同時に、五〇年後、同大会の「光」と「影」をノンフィクションライターの誰かが一冊の本にまとめることを期待し、ペンを擱《お》きたいと思う。

令和元年夏

松下茂典

〈参考文献〉

『神永昭夫の軌跡・ガンバレ柔道ニッポン』（全日本柔道連盟。一九九五年七月二十五日）
『ヘーシンクを育てた男』（眞神博著。文藝春秋。二〇〇二年十二月十日）
『勝負あり　猪熊功の光と陰』（井上斌・神山典士著。河出書房新社。二〇〇四年十月十日）
『死ぬことと見つけたり　上・下』（隆慶一郎著。新潮社。一九九四年九月一日）
『木村政彦はなぜ力道山を殺さなかったのか　上・下』（増田俊成著。新潮社。二〇一四年三月一日）
『ぼくはなぜ走るのだろう・君原健二の根性の記録』（浜上潮児著。講談社。一九七二年十一月十六日）
『マラソンの青春』（君原健二・高橋進著。時事通信社。一九七五年六月二十日）
『君原健二・人生ランナーの条件』（君原健二著。佼成出版社。一九九二年十一月十日）
『夢、未だ盡きず　平木信二と吉岡隆徳』（辺見じゅん著。文藝春秋。一九九八年六月十五日）
『わが人生一直線』（吉岡隆徳著。日本経済新聞社。一九七五年五月）
『スポーツの技と心』（編者・明日のスポーツを拓く会。教育開発研究所。一九八二年十一月五日）
『五輪の十字架』（西所正道著。NHK出版。一九九六年七月）
『メダリスト　水の女王・田中聰子の半生』（佐々木博子著。毎日新聞社。一九八九年二月二十日）
『我が道』（三宅義信著。スポーツニッポン新聞社。二〇一八年三月）
『おれについてこい！』（大松博文著。講談社。一九六三年六月二十日）
『なせば成る！』（大松博文著。講談社。一九六四年十二月十五日）
『お母さんの金メダル』（河西昌枝著。学習研究社。一九九二年七月十四日）

『私の青春・東洋の魔女と呼ばれて』（谷田絹子著。三帆舎。二〇一八年八月）
『愛しき孫に置き手紙　おじいちゃんの生きた証』（長谷川忠男著。文芸社。二〇一三年六月十五日）
『「東洋の魔女」論』（新雅史著。イースト・プレス。二〇一三年七月十六日）

「柔道」（一九五九年六月。六〇年六月。六一年六月。六二年一月。六四年六月、十月）
「月刊バレーボール」（二〇一四年一月。一七年二月）
「文藝春秋」（一九六三年三月。六四年十一月。七九年三月。八九年六月。九三年六月。二〇〇〇年十月）
「現代」（一九九五年一月。二〇〇一年十二月）
「オール読物」（二〇〇九年九月）
「ビッグマン」（一九八五年七月）
「Ｎｕｍｂｅｒ」（一九八四年二月五日）
「週刊文春」（一九七六年四月二十七日。七七年十一月十日。八三年十月二十七日。二〇〇〇年九月二十一日。〇四年一月一日・八日。一三年十月三十一日。一六年八月十一日・十八日）
「週刊新潮」（一九七八年十二月七日。八三年十月二十七日。九〇年十月十一日。二〇〇八年八月十四日・二十一日。一二年五月三十一日）
「週刊ポスト」（一九七二年一月一日。二〇〇四年八月二十日・二十七日）
「週刊現代」（一九六四年五月七日。七六年十月七日。八四年三月二十四日。二〇〇一年十月二十日、十一月十七日）
「週刊朝日」（一九六一年十一月三日。六四年十月二十三日。六五年六月十一日）
「サンデー毎日」（二〇〇〇年八月二十日・二十七日）
「週刊読売」（一九六五年九月十九日。七六年九月四日）

「エコノミスト」（二〇一五年十二月二十二日）
「週刊宝石」（一九八三年八月十二日、十一月四日）
「女性自身」（一九七八年十二月十四日。九〇年十月十六日）
「女性セブン」（一九六四年十一月四日。七八年十二月十四日・二十一日。九〇年十月十八日）
「週刊女性」（一九六四年十月二十八日。七八年十二月十二日）
「ヤングレディ」（一九六五年二月十日）
「微笑」（一九七二年八月二十六日）
「アサヒ芸能」（一九七三年一月八日）
「週刊大衆」（二〇一四年十月二十七日）
「週刊明星」（一九七八年十二月十日）
「週刊平凡」（一九六五年五月六日。七八年十二月七日）
「ＦＯＣＵＳ・臨時増刊」（一九九二年八月二十五日）
「朝日新聞」（一九五九年五月六日《夕刊》。六〇年五月二日。六一年五月一日。六四年四月二十七日、八月二十八日、十月十二日《夕刊》、十月十三日、十月二十日、二十三日、二十四日、二十八日。六八年八月七日、十月二十一日。七四年七月十五日《夕刊》。二〇一二年七月二十九日。一四年十月十日。一六年八月八日）
「毎日新聞」（一九五九年五月六日《夕刊》。六〇年五月二日、九月二十四日。六一年五月一日。六四年八月二十八日、十月七日《夕刊》、十一日、十二日、十三日、十五日、十七日、十九日、二十日、二十二日、二十三日《夕刊》、二十四日。六八年十月二十一日《夕刊》。八三年十月十五日。九〇年九月二十六日。二〇一六年八月八日）
「読売新聞」（一九五八年十月十五日。五九年五月六日《夕刊》。六〇年五月二日。六一年五月一日。六四年八月二十八日、

十月二十日、二十三日《夕刊》。二〇一二年七月二十九日。一六年八月八日）
「日本経済新聞」（一九七八年十二月五日。二〇一二年八月十日、十八日、二十二日、二十三日、二十四日、二十五日、二十七日、二十八日、三十日、三十一日）
「産経新聞」（二〇〇一年十月六日）
「西日本新聞」（一九九〇年九月二十六日、二十七日）
「日刊スポーツ」（一九六二年四月六日。六四年十月十三日、二十日、二十二日、二十四日。一九八三年十月十五日。二〇〇一年九月三十日。一二年七月三十日。一五年八月十二日。一六年八月六日。一八年五月二十六日。一九年三月五日）
「スポーツニッポン」（一九六四年十月二十日、二十四日。八三年十月十五日。二〇〇一年九月三十日。一二年七月二十九日。一六年八月八日）
「報知新聞（スポーツ報知）」（一九六四年十月十三日、二十日、二十四日。七八年十一月二十五日、十二月六日。二〇〇一年九月三十日。一二年七月三十日。一六年八月八日）

1964年東京オリンピック メダリスト一覧

※記載されている日本人選手は最終ステージ進出者
※Ⓦ＝世界新記録

陸上・男子	
100m	
①ボブ・ヘイズ（アメリカ）	10秒0 Ⓦタイ
②エンリケ・フィゲロラ（キューバ）	10秒2
③ハリー・・ジェローム（カナダ）	10秒2
200m	
①ヘンリー・カー（アメリカ）	20秒3
②ポール・ドレイトン（アメリカ）	20秒5
③エドウィン・ロバーツ（トリニダード・トバゴ）	20秒6
400m	
①マイケル・ララビー（アメリカ）	45秒1
②ウェンデル・モトリー（トリニダード・トバゴ）	45秒2
③アンジェイ・バデンスキー（ポーランド）	45秒6
800m	
①ピーター・スネル（ニュージーランド）	1分45秒1
②ビル・クロザース（カナダ）	1分45秒6
③ウィルソン・キプルグト（ケニア）	1分45秒9
1500m	
①ピーター・スネル（ニュージーランド）	3分38秒1
②ヨゼフ・オドロジル（チェコスロバキア）	3分39秒6
③ジョン・デービス（ニュージーランド）	3分39秒6
5000m	
①ロバート・シュール（アメリカ）	13分48秒8
②ハラルト・ノルポト（統一ドイツ）	13分49秒6
③ビル・デリンジャー（アメリカ）	13分49秒8
10000m	
①ビリー・ミルズ（アメリカ）	28分24秒4
②モハメド・ガムーディ（チュニジア）	28分24秒8
③ロン・クラーク（オーストラリア）	28分25秒8
⑥円谷幸吉（自衛隊体育学校）	28分59秒4
⑭船井照夫 （東急）	29分33秒2
㉘渡辺和己（九州電工）	31分00秒6
110m障害	
①ヘイズ・ジョーンズ（アメリカ）	13秒6
②ブレイン・リンドグレン（アメリカ）	13秒7
③アナトリー・ミハイロフ（ソ連）	13秒7
400m障害	
①レックス・コーリー（アメリカ）	49秒6
②ジョン・クーパー（イギリス）	50秒1
③サルバトーレ・モラーレ（イタリア）	50秒1

3000m障害	
①ガストン・ローランツ（ベルギー）	8分30秒8
②モーリス・ヘリオット（イギリス）	8分32秒4
③イワン・ベリヤエフ（ソ連）	8分33秒8
4×100mリレー	
①アメリカ（ボール・ドレイトン、ジェラルド・アシュワース、リチャード・ステッビンス、ボブ・ヘイズ）	39秒0 Ⓦ
②ポーランド（アンジェイ・ジエリニスキ、ヴィエスワフ・マニアク、マリアン・フォイク、マリアン・ドゥジアック）	39秒3
③フランス（ポール・ジュヌヴェ、ベルナール・レブール、クロード・ピケマル、ジョスリン・デルクール）	39秒3
4×400mリレー	
①アメリカ（オラン・キャッセル、マイケル・ララビー、ユリス・ウィリアムズ、ヘンリー・カー）	3分00秒7 Ⓦ
②イギリス（ティモシー・グラハム、エイドリアン・メトカーフ、ジョン・クーパー、ロビー・ブライトウェル）	3分01秒6 Ⓦ
③トリニダード・トバゴ（エドウィン・スキナー、ケネス・バーナード、エドウィン・ロバーツ、ウェンデル・モトリー）	3分01秒7 Ⓦ
マラソン	
①アベベ・ビキラ（エチオピア）	2時間12分11秒 Ⓦ
②ベイジル・ヒートリー（イギリス）	2時間16分19秒
③円谷幸吉（自衛隊体育学校）	2時間16分22秒
⑧君原健二（八幡製鉄）	2時間19分49秒
⑮寺沢徹（倉敷レイヨン）	2時間23分09秒
20km競歩	
①ケネス・マシューズ（イギリス）	1時間29分34秒
②ディーター・リントナー（統一ドイツ）	1時間31分13秒
③ウラジミル・ゴルブニチー（ソ連）	1時間31分59秒
㉓石黒昇（東京貯金局）	1時間39分40秒
㉕栗林喜右衛（自衛隊体育学校）	1時間43分07秒
50km競歩	
①アブドン・パミッチ（イタリア）	4時間11分12秒 Ⓦ
②ポール・ニヒル（イギリス）	4時間11分31秒 Ⓦ
③イングヴァール・ペテルソン（スウェーデン）	4時間14分17秒
㉒江尻忠正（日本ゼオン）	4時間37分31秒
㉕斎藤和夫（倉庫精練）	4時間43分01秒
㉗三輪寿美雄（旭化成）	4時間52分00秒
走高跳	
①ワレリー・ブルメル（ソ連）	2m18cm
②ジョン・トーマス（アメリカ）	2m18cm
③ジョン・ランボー（アメリカ）	2m16cm
棒高跳	
①フレッド・ハンセン（アメリカ）	5m10cm
②ヴォルフガング・ラインハルト（統一ドイツ）	5m05cm
③クラウス・レーネルツ（統一ドイツ）	5m00cm

走幅跳	
①リン・デービス(イギリス)	8m07cm
②ラルフ・ボストン(アメリカ)	8m03cm
③イゴール・テルオバネシアン(ソ連)	7m99cm
⑨山田宏臣(東急)	7m16cm
三段跳	
①ヨザフ・シュミット(ポーランド)	16m85cm
②オレグ・フェドセーエフ(ソ連)	16m58cm
③ビクトル・クラフチェンコ(ソ連)	16m57cm
⑩岡崎高之(八幡製鉄)	15m90cm
砲丸投げ	
①ダラス・ロング(アメリカ)	20m33cm
②ランディ・マトソン(アメリカ)	20m20cm
③ヴィルモシュ・バリュ(ハンガリー)	19m39cm
円盤投げ	
①アル・オーター(アメリカ)	61m00cm
②ルドビク・ダネク(チェコスロバキア)	60m52cm
③デーブ・ウェイル(アメリカ)	59m49cm
ハンマー投げ	
①ロムアルド・クリム(ソ連)	69m74cm
②ジュラ・ジボツキー(ハンガリー)	69m09cm
③ウーベ・バイエル(統一ドイツ)	68m09cm
⑬菅原武男(リッカー)	63m69cm
やり投げ	
①パウリ・ネバラ(フィンランド)	82m66cm
②ジェルジ・クルチャール(ハンガリー)	82m32cm
③ヤーニス・ルーシス(ソ連)	80m57cm
十種競技	
①ウィリー・ホルドルフ(統一ドイツ)	7887点
②レイン・アウン(ソ連)	7842点
③ハンス・ヨアヒム・ワルデ(統一ドイツ)	7809点
⑮鈴木章介(大昭和製紙)	6838点
陸上・女子	
100m	
①ワイオミア・タイアス(アメリカ)	11秒4
②エディス・マガイヤー(アメリカ)	11秒6
③エワ・クロブコフスカ(ポーランド)	11秒6
200m	
①エディス・マガイヤー(アメリカ)	23秒0
②イレーナ・シェビンスカ(ポーランド)	23秒1
③マリリン・ブラック(オーストラリア)	23秒1
400m	
①ベティ・カスバート(オーストラリア)	52秒0
②アン・パッカー(イギリス)	52秒2
③ジュディ・アムーア(オーストラリア)	53秒4

800m	
①アン・パッカー(イギリス)	2分01秒1 Ⓦ
②マリボンヌ・デュピュリュエ(フランス)	2分01秒9
③マリーズ・チェンバレン(ニュージーランド)	2分02秒8
80m障害	
①カリン・バルツァー(統一ドイツ)	10秒5
②テレサ・チェプラ(ポーランド)	10秒5
③パム・キルボーン(オーストラリア)	10秒5
⑤依田郁子(リッカー)	10秒7
4×100mリレー	
①ポーランド(テレサ・チェプラ、イレーナ・シェビンスカ、ハリナ・ゴレツカ、エワ・クロブコフスカ)	43秒6 Ⓦ
②アメリカ(ウィリー・ホワイト、ワイオミア・タイアス、マリリン・ホワイト、エディス・マガイヤー)	43秒9 Ⓦ
③イギリス(ジャネット・シンプソン、マリー・ランド、ダフネ・アーデン、ドロシー・ハイマン)	44秒0 Ⓦ
走高跳	
①ヨランダ・バラシュ(ルーマニア)	1m90cm
②ミシェル・ブラウン(オーストラリア)	1m80cm
③タイシャ・チェンチク(ソ連)	1m78cm
走幅跳	
①マリー・ランド(イギリス)	6m76cm Ⓦ
②イレーナ・シェビンスカ(ポーランド)	6m60cm
③タチアナ・シチェルカノワ(ソ連)	6m42cm
砲丸投げ	
①タマラ・プレス(ソ連)	18m14cm
②レナーテ・ガリシュ・クルムベルガー(統一ドイツ)	17m61cm
③ガリナ・ジビナ(ソ連)	17m45cm
円盤投げ	
①タマラ・プレス(ソ連)	57m27cm
②イングリッド・ロッツ(統一ドイツ)	57m21cm
③リア・マノリウ(ルーマニア)	56m97cm
やり投げ	
①ミハエラ・ペネス(ルーマニア)	60m54cm
②マールタ・ルダシュ(ハンガリー)	58m27cm
③エレーナ・ゴルチャコワ(ソ連)	57m06cm
五種競技	
①イリーナ・プレス(ソ連)	5246点 Ⓦ
②マリー・ランド(イギリス)	5035点
③ガリーナ・ブイストロワ(ソ連)	4956点
競泳・男子	
100m自由形	
①ドン・ショランダー(アメリカ)	53秒4
②ボビー・マクレガー(イギリス)	53秒5
③ハンス・ヨアヒム・クライン(統一ドイツ)	54秒0

400m自由形	
①ドン・ショランダー(アメリカ)	4分12秒2 Ⓦ
②フランク・ウィーガント(統一ドイツ)	4分14秒9
③アラン・ウッド(オーストラリア)	4分15秒1
⑥山中毅(大洋漁業)	4分19秒1
1500m自由形	
①ロバート・ウィンドル(オーストラリア)	17分01秒7
②ジョン・ネルソン(アメリカ)	17分03秒0
③アラン・ウッド(オーストラリア)	17分07秒7
⑥佐々木末昭(中大)	17分25秒3
200m平泳ぎ	
①イアン・オブライエン(オーストラリア)	2分27秒8 Ⓦ
②ゲオルギー・プロコペンコ(ソ連)	2分28秒2
③チェット・ジャストレムスキー(アメリカ)	2分29秒6
⑥鶴峯治(海上自衛隊)	2分33秒6
200mバタフライ	
①ケビン・ベリー(オーストラリア)	2分06秒6 Ⓦ
②カール・ロビー(アメリカ)	2分07秒5
③フレッド・シュミット(アメリカ)	2分09秒3
⑥門永吉典(柳井商工)	2分12秒6
200m背泳ぎ	
①ジェド・グラーフ(アメリカ)	2分10秒3 Ⓦ
②ゲイリー・ディリー(アメリカ)	2分10秒5
③ロバート・ベネット(アメリカ)	2分13秒1
④福島滋雄(日大)	2分13秒2
400m個人メドレー	
①リチャード・ロス(アメリカ)	4分45秒4 Ⓦ
②ロイ・サーリ(アメリカ)	4分47秒1
③ゲルハルト・ヘッツ(統一ドイツ)	4分51秒0
4×100mリレー	
①アメリカ(スティーブン・クラーク、マイク・オースティン、ゲイリー・イルマン、ドン・ショランダー)	3分33秒2 Ⓦ
②統一ドイツ(ホースト・レフラー、フランク・ウィーガント、ウーヴェ・ヤコブセン、ハンス・ヨアヒム・クライン)	3分37秒2
③オーストラリア(デビッド・ディクソン、ピーター・ドーク、ジョ・ライアン、ボブ・ウィンドル)	3分39秒1
④日本(岩崎邦宏、後藤忠治、藤本達夫、岡部幸明)	3分40秒5
4×200mリレー	
①アメリカ(スティーブン・クラーク、ロイ・サーリ、ゲイリー・イルマン、ドン・ショランダー)	7分52秒1 Ⓦ
②統一ドイツ(ホースト・ギュンター・グレガー、ゲルハルト・ヘッツ、フランク・ウィーガント、ハンス・ヨアヒム・クライン)	7分59秒3
③日本(福井誠、岩崎邦宏、庄司敏夫、岡部幸明)	8分03秒8
4×100mメドレーリレー	
①アメリカ(ハロルド・トンプソン・マン、ウィリアム・クレイグ、フレッド・シュミット、スティーブン・クラーク)	3分58秒4 Ⓦ

②統一ドイツ(アーンスト・ヨアキム・キュッペルス、エゴン・ヘニンガー、ホースト・ギュンター・グレガー、ハンス・ヨアヒム・クライン)	4分01秒6
③オーストラリア(ピーター・レイノルズ、イアン・オブライエン、ケビン・ベリー、デビッド・ディクソン)	4分02秒3
⑤日本(福島滋雄、石川健二、中島功、岡部幸明)	4分06秒6
10m高飛込	
①ロバート・ウェブスター(アメリカ)	148.58点
②クラウス・ディビアジ(イタリア)	147.54点
③トム・ゴンプ(アメリカ)	146.57点
⑧大坪敏郎(日体大)	142.05点
3m飛板飛込	
①ケネス・シッツバーガー(アメリカ)	159.90点
②フランシス・ゴーマン(アメリカ)	157.63点
③ローレンス・アンドリーセン(アメリカ)	143.77点
競泳・女子	
100m自由形	
①ドーン・フレーザー(オーストラリア)	59秒5
②シャロン・スタウダー(アメリカ)	59秒9
③キャスリーン・エリス(アメリカ)	1分00秒8
400m自由形	
①バージニア・デュンケル(アメリカ)	4分43秒3
②マリリン・ラメノフスキー(アメリカ)	4分44秒6
③テリー・スティックルズ(アメリカ)	4分47秒2
200m平泳ぎ	
①ガリナ・ブロズメンシコワ(ソ連)	2分46秒4
②クラウディア・コルブ(アメリカ)	2分47秒6
③スヴェトラーナ・ババニナ(ソ連)	2分48秒6
100mバタフライ	
①シャロン・スタウダー(アメリカ)	1分04秒7 Ⓦ
②アダ・コック(オランダ)	1分05秒6
③キャスリーン・エリス(アメリカ)	1分06秒0
⑦高橋栄子(別府大)	1分09秒1
100m背泳ぎ	
①キャシー・ファーガソン(アメリカ)	1分07秒7 Ⓦ
②クリスティーヌ・キャロン(フランス)	1分07秒9
③バージニア・デュンケル(アメリカ)	1分08秒0
④田中聡子(八幡製鉄)	1分08秒6
400m個人メドレー	
①ドナ・デバロナ(アメリカ)	5分18秒7
②シャノン・フィネラン(アメリカ)	5分24秒1
③マーサ・ランドール(アメリカ)	5分24秒2
4×100mリレー	
①アメリカ(シャロン・スタウダー、ドナ・デバロナ、リリアン・ワトソン、キャスリーン・エリス)	4分03秒8 Ⓦ

②オーストラリア（ロビン・ソーン、ジャニス・マーフィー、リネット・ベル、ドーン・フレーザー）	4分06秒9
③オランダ（ポーリーン・ファン・デル・ヴィルト、カテリーナ・ビューマー、ウィルヘルミーナ・ファン・ウィールデンブルグ、エリカ・テルプストラ）	4分12秒0
※日本（予選敗退／浦上涼子、木原美知子、木村トヨ子、東美代子）	4分19秒2
4×100mメドレーリレー	
①アメリカ（キャシー・ファーガソン、シンシア・ゴイエット、シャロン・スタウダー、キャスリーン・エリス）	4分33秒9 Ⓦ
②オランダ（コーリー・ウィンケル、クレナ・ビモルト、アダ・コック、エリカ・テルプストラ）	4分37秒0
③ソ連（タチアナ・サヴェリエワ、スヴェトラーナ・ババニナ、タチアナ・デビアトワ、ナタリア・ウスティノワ）	4分39秒2
④日本（田中聡子、山本憲子、高橋栄子、木原美知子）	4分42秒0
10m高飛込	
①レスレイ・ブッシュ（アメリカ）	99.80点
②イングリート・クレーマー（統一ドイツ）	98.45点
③ガリーナ・アレクセーワ（ソ連）	97.60点
3m飛板飛込	
①イングリート・クレーマー（統一ドイツ）	145.00点
②ジーン・コリアー（アメリカ）	138.36点
③メアリー・ウィラード（アメリカ）	138.18点
⑦馬淵かの子（倉敷レイヨン）	125.28点
⑧渡辺久美子（リッカー）	120.34点
ボート	
シングルスカル	
①ヴィアチェスラフ・イワノフ（ソ連）	8分22秒51
②アヒム・ヒル（統一ドイツ）	8分26秒24
③ゴットフリート・コットマン（スイス）	8分29秒68
ダブルスカル	
①ソ連（ボリス・ドゥブロフスキー、オレグ・チューリン）	7分10秒66
②アメリカ（シーモア・クロムウェル、ジェームズ・ストーム）	7分13秒16
③チェコスロバキア（ウラジミール・アンドルス、パベル・ホフマン）	7分14秒23
舵つきペア	
①アメリカ（エドワード・フェリー、コン・フィンドレー、ケント・ミッチェル）	8分21秒33
②フランス（ジャック・モレル、ジョルジュ・モレル、ジャン＝クロード・ダロウイ）	8分23秒15
③オランダ（ジャン・ジャスト・ボス、ハーマン・ルーウェ、フレデリック・ハートサイカー）	8分23秒42
舵なしペア	
①カナダ（ジョージ・ハンガーフォード、ロジャー・ジャクソン）	7分32秒94
②オランダ（スティーブン・ブライス、エルンスト・ヴェーネマン）	7分33秒40
③統一ドイツ（ミカエル・シュワン、ヴォルフガング・ホッテンロット）	7分38秒63

舵つきフォア	
①統一ドイツ(ピーター・ノイゼル、ベルンハルト・ブリティング、ヨアヒム・ウェルナー、エグバート・ヒルシュフェルダー、ユルゲン・エルケ)	7分00秒44
②イタリア(レナート・ボサッタ、エミリオ・トリヴィーニ、ジュゼッペ・ガランテ、フランコ・デ・ペドリーナ、ジョバンニ・スピノラ)	7分02秒84
③オランダ(アレックス・スピノラ、ジャン・ファン・デ・グラフ、F・R・ファン・デ・グラフ、ロベルト・ファン・デ・グラフ、マリウス・クルムパービーク)	7分06秒46
舵なしフォア	
①デンマーク(ジョン・ハンセン、ビヨルン・ハスロフ、エリック・ピーターセン、クルト・ヘルムート)	6分59秒30
②イギリス(ジョン・ラッセル、ヒュー・ワーデル・ヤーバーグ、ウィリアム・バリー、ジョン・ジェームズ)	7分00秒47
③アメリカ(ジェフリー・ピカード、リチャード・リヨン、テッド・ミッテット、テッド・ナッシュ)	7分01秒37
エイト	
①アメリカ(ジモニー、J・アムロング、T・アムロング、バッド、クラーク、チクリンスキー、フォーリー、クネヒト、ストー)	6分18秒23
②統一ドイツ(エフケ、ビットナー、グロデック、ウォールブレヒト、ベーレンス、シュローダー、プラージュマン、メイヤー、アーレンス)	6分23秒29
③チェコスロバキア(サーマク、ルンダック、ムルビック、トチェク、ベンタス、ポジェズニー、ジャノーゼク、ノービ、コニチェク)	6分25秒11
セーリング	
フィン級	
①ウィルヘルム・クーワイデ(統一ドイツ)	7638点
②ピーター・バレット(アメリカ)	6373点
③ヘンイング・ウィンド(デンマーク)	6190点
㉑山田貴司(三永工芸印刷)	2486点
スター級	
①バハマ(ダーウォード・ノウルズ、セシル・クック)	5664点
②アメリカ(リチャード・スターンズ、リン・ウィリアムス)	5585点
③スウェーデン(ペレ・ピーターソン、ホルガー・スンドストロム)	5527点
⑬日本(石井正行、大久保隆史)	1494点
フライングダッチマン級	
①ニュージーランド(アール・ウェルズ、ヘルマー・ペダーセン)	6255点
②イギリス(フランクリン・ムスト、トニー・モーガン)	5556点
③アメリカ(ハリー・メルジズ、ウィリアム・ベンツェン)	5158点
⑮日本(田上泰利、松田健次郎)	2166点
5.5m級	
①オーストラリア(ビル・ノータム、ピーター・オドネル、ジェームズ・サージャント)	5981点
②スウェーデン(ラーズ・ソーン、ストゥーレ・ストーク、アーネ・カールソン)	5254点
③アメリカ(ジョン・J・マクナマラ、フランシス・スキャリー、ジョゼフ・バッチェルダー)	5106点
⑭日本(萩原毅、松本富士也、吉田正雄)	1070点

ドラゴン級	
①デンマーク(オレ・バンツェン、クリスチャン・ボン・ビューロウ、オレ・ポールセン)	5854点
②統一ドイツ(ピーター・アーレント、ウルリッヒ・メンス、ウィルフリード・ロレンツ)	5826点
③アメリカ(ローウェル・ノース、チャールズ・ロジャース、リチャード・ディーヴァー)	5523点
⑰日本(棚町三郎、口色輝幸、舟岡正)	1762点
カヌー・男子	
カヤック1人乗り	
①ロルフ・ペテルソン(スウェーデン)	3分57秒13
②ミハイ・ヘス(ハンガリー)	3分57秒28
③オーレル・ベルネスク(ルーマニア)	4分00秒77
カヤック2人乗り	
①スウェーデン(スヴェン=オロフ・ショジリウス、グンナー・ウテルベリ)	3分38秒54
②オランダ(アントニウス・ガーツ、ポール・フックストラ)	3分39秒30
③統一ドイツ(ヘインズ・ブーカー、ホルガー・ゼンダー)	3分40秒69
カヤック4人乗り	
①ソ連(ニコライ・チュジコフ、アナトリー・グリシン、ヴャチェスラフ・イオノフ、ウラジーミル・モロゾフ)	3分14秒67
②統一ドイツ(ギュンター・ペルレベルク、ベルンハルト・シュルツ、フリードヘルム・ウェンツケ、ホルガー・ゼンダー)	3分15秒39
③ルーマニア(シミオン・キューシュク、アタナーゼ・シオニック、ミハイ・フルカシュ、オーレル・ベルネスク)	3分15秒51
カナディアン1人乗り	
①ユルゲン・エシュルト(統一ドイツ)	4分35秒14
②アンドレイ・イゴロフ(ルーマニア)	4分37秒89
③エフゲニー・ペニヤエフ(ソ連)	4分38秒31
カナディアン2人乗り	
①ソ連(アンドレイ・ヒミチ、ステパン・オスチェホフ)	4分04秒65
②フランス(ジャン・ボーデアン、ミシェル・シャピュイ)	4分06秒52
③デンマーク(ピア・ニールセン、ジョン・ソーレンセン)	4分07秒48
カヌー・女子	
カヤック1人乗り	
①リュドミラ・フベーシアク(ソ連)	2分12秒87
②ヒルデ・ラウエル(ルーマニア)	2分15秒35
③マルシア・ジョーンズ(アメリカ)	2分15秒68
カヤック2人乗り	
①統一ドイツ(ロスヴィータ・エッサー、アンナマリア・ツィンマーマン)	1分56秒95
②アメリカ(フランシーン・フォックス、グロリアン・ペリエ)	1分59秒16
③ルーマニア(ヒルデ・ラウエル、コーネリア・シデリ)	2分00秒25
近代五種	
個人総合	
①フェレンツ・テレク(ハンガリー)	5116点

②イゴール・ノビコフ(ソ連)	5067点
③アルバート・モケーエフ(ソ連)	5039点
⑮内野重昭(大阪府警)	4619点
⑰福留義秀(自衛隊体育学校)	4587点
㉚三野茂樹(自衛隊体育学校)	4196点
団体総合	
①ソ連(イゴール・ノビコフ、アルバート・モケーエフ、ヴィクトル・ミネエフ)	14961点
②アメリカ(ジェームズ・ムーア、デイビット・カークウッド、ポール・ペスティ)	14189点
③ハンガリー(フェレンツ・テレク、イムレ・ナジ、オットー・トロク)	14173点
⑧日本(内野重昭、福留義秀、三野茂樹)	13402点
体操・男子	
個人総合	
①遠藤幸雄(日大講師)	115.95点
②鶴見修治(スワロー・クラブ)	115.40点
②ボリス・シャハリン(ソ連)	115.40点
②ビクトル・リシツキー(ソ連)	115.40点
⑥山下治広(スワロー・クラブ)	115.10点
⑧早田卓次(日大助手)	114.90点
⑨三栗崇(大塚クラブ)	114.80点
⑩小野喬(東レ)	114.40点
団体総合	
①日本(小野喬、遠藤幸雄、鶴見修治、三栗崇 、山下治広、早田卓次)	577.95点
②ソ連(セルゲイ・ディアミドフ、ビクトル・レオンチェフ、ビクトル・リシツキー、ボリス・シャハリン 、ユーリ・チトフ、ユーリ・ツァペンコ)	575.45点
③統一ドイツ(ジークフリート・フューレ、フィリップ・フュルスト、アーウィン・コッペ、クラウス・ケステ、ギュンター・リンス、ピーター・ウェバー)	565.10点
床	
①フランコ・メニケリ(イタリア)	19.450点
②ビクトル・リシツキー(ソ連)	19.350点
②遠藤幸雄(日大講師)	19.350点
⑤三栗崇(大塚クラブ)	19.100点
あん馬	
①ミロスラフ・チェラール(ユーゴスラビア)	19.525点
②鶴見修治(スワロー・クラブ)	19.325点
③ユーリ・ツァペンコ(ソ連)	19.200点
④山下治広(スワロー・クラブ)	19.075点
⑥三栗崇(大塚クラブ)	18.650点
つり輪	
①早田卓次(日大助手)	19.475点
②フランコ・メニケリ(イタリア)	19.425点
③ボリス・シャハリン(ソ連)	19.400点
⑤鶴見修治(スワロー・クラブ)	19.275点

⑥遠藤幸雄(日大講師)	19.250点
跳馬	
①山下治広(スワロー・クラブ)	19.600点
②ビクトル・リシツキー(ソ連)	19.325点
③ハンヌ・ランタカリ(フィンランド)	19.300点
④鶴見修治(スワロー・クラブ)	19.225点
⑥遠藤幸雄(日大講師)	19.075点
平行棒	
①遠藤幸雄(日大講師)	19.675点
②鶴見修治(スワロー・クラブ)	19.450点
③フランコ・メニケリ(イタリア)	19.350点
鉄棒	
①ボリス・シャハリン(ソ連)	19.625点
②ユーリ・チトフ(ソ連)	19.550点
③ミロスラフ・チェラール(ユーゴスラビア)	19.500点
⑤遠藤幸雄(日大講師)	19.050点
⑥小野喬(東レ)	19.000点
体操・女子	
個人総合	
①ベラ・チャスラフスカ(チェコスロバキア)	77.564点
②ラリサ・ラチニナ(ソ連)	76.998点
③ポリーナ・アスタホワ(ソ連)	76.995点
⑥池田敬子(スワロー・クラブ)	76.031点
⑦相原俊子(スワロー・クラブ)	75.997点
⑨小野清子(慶大助手)	75.665点
⑲中村多仁子(東京教育大)	75.198点
㉔千葉吟子(スワロー・クラブ)	74.665点
㉕辻宏子(藤花クラブ)	74.597点
団体総合	
①ソ連(ポリーナ・アスタホワ、リュドミラ・グロモワ、ラリサ・ラチニナ、タマラ・マニナ、エレナ・ヴォルチェツカヤ、タマラ・ザモテロワ)	380.890点
②チェコスロバキア(ベラ・チャスラフスカ、マリアンナ・クレイチロヴァ、ヤナ・ポスネロヴァ、ハナ・ルージチコヴァ、ヤロスラバ・セドラチコヴァ、アドルフィーナ・タチョヴァ)	379.989点
③日本(池田敬子、小野清子、千葉吟子、相原俊子、辻宏子、中村多仁子)	377.889点
床	
①ラリサ・ラチニナ(ソ連)	19.599点
②ポリーナ・アスタコワ(ソ連)	19.500点
③アニコ・ヤノシ・ドッツァ(ハンガリー)	19.300点
段違い平行棒	
①ポリーナ・アスタコワ(ソ連)	19.332点
②カタリン・マクライ(ハンガリー)	19.216点
③ラリサ・ラチニナ(ソ連)	19.199点
④相原俊子(スワロー・クラブ)	18.782点
平均台	

①ベラ・チャスラフスカ(チェコスロバキア)	19.449点
②タマラ・マニナ(ソ連)	19.399点
③ラリサ・ラチニナ(ソ連)	19.382点
⑥池田敬子(スワロー・クラブ)	19.216点
跳馬	
①ベラ・チャスラフスカ(チェコスロバキア)	19.483点
②ラリサ・ラチニナ(ソ連)	19.283点
②ビルギット・ラドフラ(統一ドイツ)	19.283点
④相原俊子(スワロー・クラブ)	19.282点
ウエイトリフティング	
バンタム級	
①アレクセイ・バホーニン(ソ連)	計357.5kg Ⓦ
②フェルディ・イムレ(ハンガリー)	計355.0kg Ⓦ
③一ノ関史郎(法大)	計347.5kg
⑥古山征男(福島重協)	計335.0kg
フェザー級	
①三宅義信(自衛隊体育学校)	計397.5kg Ⓦ
②アイザック・バーガー(アメリカ)	計382.5kg
③ミェチスワフ・ノバック(ポーランド)	計377.5kg
⑥福田弘(明大)	計375.0kg
ライト級	
①ヴァルデマル・バシャノフスキー(ポーランド)	計432.5kg Ⓦ
②ウラジーミル・カプルノフ(ソ連)	計432.5kg Ⓦ
③マリアン・ゼリンスキー(ポーランド)	計420.0kg
⑥山崎弘(東京重協)	計397.5kg
ミドル級	
①ハンス・ズドラジラ(チェコスロバキア)	計445.0kg
②ヴィクトル・クレンツォフ(ソ連)	計440.0kg
③大内仁(法大)	計437.5kg
⑤三輪定広(名鉄)	計422.5kg
ライトヘビー級	
①ルドルフ・プリュークフェルデル(ソ連)	計475.0kg
②ゲーザ・トート(ハンガリー)	計467.5kg
③ジェーゼー・ベレシュ(ハンガリー)	計467.5kg
ミドルヘビー級	
①ウラジーミル・ゴルワノフ(ソ連)	計487.5kg Ⓦ
②ルイス・マーチン(イギリス)	計475.0kg
③イレーヌス・パリンスキー(ポーランド)	計467.5kg
ヘビー級	
①レオニード・ジャボチンスキー(ソ連)	計572.5kg
②ユーリ・ウラソフ(ソ連)	計570.0kg
③ノーバート・シェマンスキー(アメリカ)	計537.5kg
射　撃	
フリーライフル3姿勢	
①ゲイリー・アンダーソン(アメリカ)	計1153点

②ショタ・クベリアシビリ(ソ連)	計1144点
③マーティン・ガナーソン(アメリカ)	計1136点
⑳斉藤繁美(自衛隊体育学校)	計1096点
㉘綿貫甫(自衛隊体育学校)	計1028点
スモールボアライフル3姿勢	
①ロンズ・ウィガー(アメリカ)	計1164点 Ⓦ
②ヴェリチコ・ヒリストフ(ブルガリア)	計1152点
③ラースロー・ハンメル(ハンガリー)	計1151点
㉕石井孝郎(東京ライフル協会)	計1128点
㉞斉藤繁美(自衛隊体育学校)	計1106点
スモールボアライフル伏射	
①ラースロー・ハンメル(ハンガリー)	計597点 Ⓦ
②ロンズ・ウィガー(アメリカ)	計597点 Ⓦ
③トミー・プール(アメリカ)	計596点 Ⓦ
⑥林崎昭裕(明大)	計594点
㊽石井孝郎(東京ライフル協会)	計584点
フリーピストル	
①ヴァイノ・ヨハンネス・マルカネン(フィンランド)	計560点
②フランクリン・グリーン(アメリカ)	計557点
③吉川貴久(福岡県警)	計554点
㉖高橋信司(神奈川県警)	計536点
ラピッドファイアピストル	
①ペンティ・リンノスボー(フィンランド)	計592点
②イオン・トリプサ(ルーマニア)	計591点
③ルボミル・ナコブスキー(チェコスロバキア)	計590点
⑧久保皖司(皇宮警察)	計587点
㉔落合治(京都府警)	計579点
クレービジョン	
①エンニオ・マッタレリ(イタリア)	計198点
②パベル・セニーチェフ(ソ連)	計194点
③ウィリアム・モリス(アメリカ)	計194点
⑮佐波光男(愛知クレー射撃協会)	計189点
㉚石下年安(栃木クレー射撃協会)	計184点
自転車	
個人ロードレース	
①マリオ・ツァニン(イタリア)	4時間39分51秒63
②キエル・ロディアン(デンマーク)	4時間39分51秒65
③ワルテル・ホデフロート(ベルギー)	4時間39分51秒67
㊱大宮政志(東京車連)	4時間39分51秒76
84山尾裕(中大)	タイムなし
85赤松敏郎(宮城車連)	タイムなし
団体ロードレース	
①オランダ(バルト・ズット、エヴェルト・ドルマン、ヘルベン・カルステンス、ヤン・ピテルス)	2時間26分31秒19

②イタリア（フェッルッチョ・マンツァ、セヴェリーノ・アンドレオーリ、ルチャーノ・ダッラ・ボーナ、ピエトロ・グエラ）	2時間26分55秒39
③スウェーデン（ステューレ・ペーテルソン、スヴァン・ハムリン、エリック・ペーテルソン、イェスタ・ペーテルソン）	2時間27分11秒52
⑲日本（大宮政志、加藤武久、志村義夫、福原広次）	2時間40分13秒27
1000mタイムトライアル	
①パトリック・セルキュ（ベルギー）	1分09秒59
②ジョヴァンニ・ペッテネッラ（イタリア）	1分10秒09
③ピエール・トランタン（フランス）	1分10秒42
⑩佐藤勝彦（法大）	1分11秒68
4000m個人追抜き	
①イジー・ダレル（チェコスロバキア）	5分04秒75
②ジョルジョ・ウルシ（イタリア）	5分05秒96
③プレベン・イサクソン（デンマーク）	5分01秒90
4000m団体追抜き	
①統一ドイツ（エルンスト・シュトレング、ロター・クレスゲス、カールハインツ・ヘンリヒス、カール・リンク）	4分35秒67
②イタリア（フランコ・テスタ、センチオ・マントヴァーニ、カルロ・ランカーティ、ルイジ・ロンカリア）	4分35秒74
③オランダ（コル・スヒューリング、ヘンク・コルネリス、ヘラルト・クル、ヤープ・アドケルク）	4分38秒99
スクラッチ	
①ジョヴァンニ・ペッテネッラ（イタリア）	
②セルジョ・ビアンケット（イタリア）	
③ダニエル・モレロン（フランス）	
タンデム	
①イタリア（セルジョ・ビアンケット、アンジェロ・ダミアーノ）	
②ソ連（イマンツ・ボドニエクス、ヴィクトル・ログノフ）	
③統一ドイツ（ヴィリ・フッガーラー、クラウス・コーブシュ）	
馬　術	
総合馬術個人	
①マウロ・チェッコリ／サービーン号（イタリア）	計 +64.40
②カルロス・モラトリオ／チャーラン号（アルゼンチン）	計 +56.40
③フリッツ・リゲス／ドンコサック号（統一ドイツ）	計 +49.20
㉞千葉幹夫／真歌号（船橋馬協）	計 −268.47
総合馬術団体	
①イタリア	計 +85.80
②アメリカ	計 +65.86
③統一ドイツ	計 +56.73
大賞典馬場馬術個人	
①アンリ・シャマルタン／ウォーレン号（スイス）	1504
②ハリー・ボルト／レムス号（統一ドイツ）	1503
③セルゲイ・フィラトフ／アブサン号（ソ連）	1486
大賞典馬場馬術団体	
①統一ドイツ	2558

②スイス	2526
③ソ連	2311
大賞典障害飛越個人	
①ピエール・ドリオラ／リュテウール号(フランス)	− 9.00
②ヘルマン・シュリッデ／ドゼンⅡ号(統一ドイツ)	−13.75
③ピーター・ロブスン／ファイアクレスト号(イギリス)	−16.00
㊳佐々信三／スネーフェル号(関学弦鞍会)	−70.75
㊵法華津寛／ラロ号(東京乗馬クラブ)	−111.75
大賞典障害飛越団体	
①統一ドイツ	−68.50
②フランス	−77.75
③イタリア	−88.50
⑫日本	−340.00

①渡辺長武(北海道レスリング協会)
②スタンチョ・イワノフ(ブルガリア)
③ノダール・ホハシビリ(ソ連)
ライト級
①エニュ・ディモフ(ブルガリア)
②クラウス＝ユルゲン・ロスト(統一ドイツ)
③堀内岩雄(富山レスリング協会)
ウェルター級
①イスマイル・オガン(トルコ)
②グリコ・サガラゼ(ソ連)
③モハメド・サナトカラン(イラン)
⑤渡辺保夫(明大)
ミドル級
①プロダン・ガルジェフ(ブルガリア)
②ハサン・ギュンギョル(トルコ)
③ダニエル・ブランド(アメリカ)
⑤佐々木竜雄(日大)
ライトヘビー級
①アレクサンドル・メドベジ(ソ連)
②アーメット・アイク(トルコ)
③サイード・シュリホフ(ブルガリア)
ヘビー級
①アレクサンドル・イワニツキー(ソ連)
②リュトヴィ・ジベール(ブルガリア)
③ハミト・カプラン(トルコ)
レスリング・グレコローマン
フライ級
①花原勉(日体大助手)
②エンジェル・ケリョーゾフ(ブルガリア)
③ドゥミトル・プルブレスク(ルーマニア)
バンタム級

柔　道
軽量級
①中谷雄英(明大)
②エリック・ヘンニ(スイス)
③アーロン・ボゴリューボフ(ソ連)
③オレグ・ステパノフ(ソ連)
中量級
①岡野功(中大)
②ヴォルフガング・ホフマン(統一ドイツ)
③ジェームズ・ブレグマン(アメリカ)
③金義泰(韓国)
重量級
①猪熊功(順天堂大助手)
②ダグ・ロジャース(カナダ)
③パルナオズ・チクビラーゼ(ソ連)
③アンゾール・キクナーゼ(ソ連)
無差別級
①アントン・ヘーシンク(オランダ)
②神永昭夫(富士製鉄)
③クラウス・グラーン(統一ドイツ)
③セオドア・ボロノフスキー(オーストラリア)
レスリング・フリースタイル
フライ級
①吉田義勝(日大)
②張昌宣(韓国)
③アリ・アクバル・ハイダリ(イラン)
バンタム級
①上武洋次郎(早大)
②フセイン・アクバス(トルコ)
③アイディン・イブラギモフ(ソ連)
フェザー級

③ハインツ・シュルツ(統一ドイツ)
ライト級
①ジョゼフ・グルジェン(ポーランド)
②ベリクトン・バラニーコフ(ソ連)
③ロナルド・アレン・ハリス(アメリカ)
③ジェームス・マックコート(アイルランド)
ライトウェルター級
①イェジー・クレイ(ポーランド)
②エフゲニー・フロロフ(ソ連)
③エディ・ブレイ(ガーナ)
③ハビフ・ガルヒア(チュニジア)
ウェルター級
①マリアン・カスプルシク(ポーランド)
②リカルダス・タムリス(ソ連)
③シルバノ・ベルチーニ(イタリア)
③ペルッティ・プルホーネン(フィンランド)
ライトミドル級
①ボリス・ラグチン(ソ連)
②ジョゼフ・ゴンザレス(フランス)
③ヨーゼフ・グジェシャク(ポーランド)
③ノイム・マイエギム(ナイジェリア)
ミドル級
①ワレリー・ポペンチェンコ(ソ連)
②エミル・シュルツ(統一ドイツ)
③フランコ・バーレ(イタリア)
③タデウシュ・ワラセック(ポーランド)
ライトヘビー級
①コジモ・ピント(イタリア)
②アレクセイ・キセリエフ(ソ連)
③アレクサンダー・ニコロフ(ブルガリア)
③ズビグネフ・ペチコフスキー(ポーランド)
ヘビー級
①ジョー・フレーザー(アメリカ)
②ハンス・フベル(統一ドイツ)
③ジュゼッペ・ロス(イタリア)
③ワディム・イエメリヤノフ(ソ連)
フェンシング・男子
フルーレ個人
①エゴン・フランク(ポーランド)
②ジャン=クロード・マニアン(フランス)
③ダニエル・レベニュ(フランス)
フルーレ団体
①ソ連(ジュダノビッチ、シャロフ、シシキン、スヴェシュニコフ、ミドウエール)

①市口政光(大阪レスリング協会)
②ヴラドレン・トロスチヤンスキー(ソ連)
③イオン・チェルニア(ルーマニア)
フェザー級
①イムレ・ポリャック(ハンガリー)
②ロマン・ルルア(ソ連)
③ブラニスラヴ・マルティノヴィチ(ユーゴスラビア)
④桜間幸次(自衛隊体育学校)
ライト級
①カジム・アイバス(トルコ)
②バレリュー・ブラルカ(ルーマニア)
③ダビド・グワンツェラゼ(ソ連)
④藤田徳明(日体大助手)
ウェルター級
①アナトーリ・コレソフ(ソ連)
②キリル・ペトロフ・トドロフ(ソ連)
③ベルティル・ニストレム(スウェーデン)
ミドル級
①ブラニスラフ・シミッチ(ユーゴスラビア)
②イジー・コルニーク(チェコスロバキア)
③ローター・メッツ(統一ドイツ)
ライトヘビー級
①ボヤン・アレクサンドロフ(ブルガリア)
②パー・オスカー・スベンソン(スウェーデン)
③ハインツ・キール(統一ドイツ)
ヘビー級
①イストバン・コズマ(ハンガリー)
②アナトリ・ロシチン(ソ連)
③ヴィルフリート・ディートリヒ(統一ドイツ)
ボクシング
フライ級
①フェルナンド・アッツォーリ(イタリア)
②アルトゥール・オレッチ(ポーランド)
③ロバート・カーモディ(アメリカ)
③スタニスラフ・ソロキン(ソ連)
バンタム級
①桜井孝雄(中大)
②鄭申朝(韓国)
③ファン・ファビラ・メンドサ(メキシコ)
③ワシントン・ロドリゲス(ウルグアイ)
フェザー級
①スタニスラフ・ステパスキン(ソ連)
②アントニー・ビラヌエバ(フィリピン)
③チャールズ・ブラウン(アメリカ)

水　球
①ハンガリー
②ユーゴスラビア
③ソ連
サッカー
①ハンガリー
②チェコスロバキア
③統一ドイツ
ホッケー
①インド
②パキスタン
③オーストラリア
バレーボール・男子
①ソ連
②チェコスロバキア
③日本
バレーボール・女子
①日本
②ソ連
③ポーランド
バスケットボール
①アメリカ
②ソ連
③ブラジル
⑩日本

②ポーランド(ヴォイダ、スクルドリク、パルルスキ、フランク、ルジツキ)
③フランス(コーティレ、マニアン、ノエル、レベニュ、ロドカナチ)
④日本(大川平三郎、田淵和彦、清水富士夫、真野一夫、戸田壮介)
エペ個人
①グリゴリー・クリース(ソ連)
②ヘンリー・ホスキンス(イギリス)
③グラム・コスターバ(ソ連)
エペ団体
①ハンガリー(コース、ガボール、キュルクサール、ネメレ、バラニ)
②イタリア(デレフィーノ、ブルダ、パウロッチ、ペレグリーノ、サッカーロ)
③フランス(ブルカード、C・ブローディン、J・ブローディン、ドレイファス、ギテット)
サーブル個人
①ティボル・ペジャ(ハンガリー)
②クロード・アラボ(フランス)
③ウミア・マフリハノフ(ソ連)
サーブル団体
①ソ連(ラキタ、アサチアニ、メラニコフ、リルスキー、マブリハノフ)
②イタリア(カランチーニ、カラレーズ、キッカ、ラバニャン、サルバトーリ)
③ポーランド(オチラ、パウロウスキ、ズブ、ピアトコフスキ、ザブロチキ)
フェンシング・女子
フルーレ個人
①イルディコー・レイトー＝ウイラキ(ハンガリー)
②ヘルガ・メッス(統一ドイツ)
③アントネッラ・ラーニョ(イタリア)
フルーレ団体
①ハンガリー(サクロビック、レイトー、ユアズ、メンデレーニ、マロージィ)
②ソ連(サミセンコ、シショウバ、ゴロコバ、プリュスコバ、ラストボロワ)
③統一ドイツ(シュミット、シュルペルゲール、テウエルコフ、メッス)

〈参考〉『毎日新聞縮刷版臨時増刊 '64 東京オリンピック記念号』(毎日新聞社)、

『完全保存版！ 1964 年東京オリンピック全記録』(宝島社) など

松下茂典

まつした・しげのり

ノンフィクションライター。一九五四年石川県生まれ。明治大学卒業。著書に『神様が創った試合——山下・星稜VS尾藤・箕島——延長18回の真実』『新説・ＯＮ物語』『日本シリーズの決定的瞬間——その時、指揮官は何を決断したか』『ダルビッシュ有はどこから来たのか』『原貢のケンカ野球一代』など多数。

潮新書 027

東京オリンピック1964　サムライたちの挽歌

2019年　7月5日　初版発行

著　者｜　松下茂典
発行者｜　南　晋三
発行所｜　株式会社潮出版社
〒102-8110
東京都千代田区一番町6　一番町SQUARE
電話　■ 03-3230-0781（編集）
　　　■ 03-3230-0741（営業）
振替口座 ■ 00150-5-61090

印刷・製本｜　株式会社暁印刷
ブックデザイン｜　Malpu Design

ISBN978-4-267-021954